另类故史

谈资时代的历史爆料

LINGLEIGUSHI

刘继兴 著

天津出版传媒集团
百花文艺出版社

图书在版编目（CIP）数据

另类故史：谈资时代的历史爆料／刘继兴著．—天津：百花文艺出版社，2013.1

ISBN 978－7－5306－6220－5

Ⅰ.①另… Ⅱ.①刘… Ⅲ.①世界史—通俗读物
Ⅳ.①K109

中国版本图书馆 CIP 数据核字（2012）第 281324 号

天津出版传媒集团
百花文艺出版社出版发行
地址:天津市和平区西康路 35 号
邮编:300051
e－mail:bhpubl@public.tpt.tj.cn
http://www.bhpubl.com.cn
发行部电话:(022)23332651 邮购部电话:(022)23332478
全国新华书店经销
三河市宏达印刷有限公司印刷

*

开本 880×1230 毫米 1/32 印张 8.75 插页 2 字数 203 千字
2013 年 1 月第 1 版 2013 年 1 月第 1 次印刷
印数:1－5000 册 定价:22.00 元

目录

沧海一声笑——历史趣闻

苍茫云海间——历史人物

匪夷所思者——历史猎奇

回看云起时——历史溯源

迷雾散尽处——历史揭秘

沧海一声笑——历史趣闻

高僧寒山与拾得的绝妙问答

唐代大诗人张继那首脍炙人口的《枫桥夜泊》(“月落乌啼霜满天,江枫渔火对愁眠。姑苏城外寒山寺,夜半钟声到客船。”)使苏州寒山寺名扬天下而历经千年不衰。由清末大学者、书法大家俞樾书写此诗的诗碑,已成为寒山寺中的一绝。

然而,寒山寺最有人文价值的是高僧寒山与拾得在此出家修行的故事。寒山、拾得二人的塑像就立于殿中。寒山执一荷枝,拾得捧一净瓶,披衣袒胸,作嬉笑逗乐状,显得喜庆活泼。相传寒山、拾得是文殊、普贤两位菩萨转世,后来又被皇帝敕封为和合二仙,是祥和吉庆的象征。寒山与拾得皆喜吟诗唱偈,寒山有《寒山子诗集》存世,诗风朴素自然,通俗易懂,有“家有寒山诗,胜汝看经卷”之说,后人又收辑拾得的诗附于其后。

寒山与拾得,是唐太宗贞观年间的两个年轻人,他们从小就是一对非常要好的朋友。长大后寒山父母为他与家住青山湾的一位姑娘定了亲。然而,姑娘却早已与拾得互生爱意。一个偶然的机会,寒山终于知道了事情的真相,心里顿时像打翻了五味瓶,酸、苦、辣、咸、涩,唯独没有一丝甜味。他左右为难,怎么办呢?经过几天几夜痛苦思考,寒山终于想通了,他决定成全拾得的婚事,自己则毅然离开家乡,独自去苏州出家修行了。

很长一段时间里，拾得没有看见过寒山，感到十分蹊跷和郁闷，因为他从未有这么长的一段时间看不见寒山。一天，他忍不住心头的思念，便信步来到寒山的家中，只见门上插有一封留给他的书信，拆开一看，原来是寒山劝他及早与姑娘结婚成家，并衷心祝福他俩美满幸福。拾得这才恍然大悟，知道了寒山出走的原委，心中很难受。深感对不起寒山，他思前想后，决定离开姑娘，动身前往苏州寻觅寒山，皈依佛门。时值夏天，在前往苏州的途中，拾得看到路旁池塘里盛开着一片红艳艳的美丽绝顶的荷花，便一扫多日来心中的烦闷，顿觉心旷神怡，就顺手采摘了一枝带在身边，以图吉利。

历经波折后，拾得终于在苏州城外找到了他日思夜想的好朋友寒山，而手中的那枝荷花依然那样鲜艳芬芳，光彩夺目。寒山见拾得到来，心里高兴极了，急忙用双手捧着盛有素斋的篦盒，迎接拾得，两人会心地相视而笑。现在寒山寺存有一方碑石，上刻“和合二仙”图案，就是这两位好朋友久别重逢时的情景。过去苏州民俗中婚嫁用的人物图画挂轴，以及江南许多地方春节时贴在大门上的门神，内容都是这两个人，一个手捧竹篦盒，一个手持荷花，笑容可掬，逗人喜爱的模样，也源于这个美好的传说。

由于寒山的到来，姑苏城外的这座“妙利普明塔院”就被后人更名为“寒山寺”。加上张继的千古名句“姑苏城外寒山寺”的广为流传，所以尽管后来在宋朝时，曾将寺名重新改为“普明禅院”，但人们仍习惯地称它为“寒山寺”。从元末至清末，寒山寺曾五次惨遭浩劫，但事后总能复建，足见寒山寺在历代人们心中的地位。而且直到现在，寒山寺供奉的佛像仍是寒山、拾得，可见由他俩首倡的“和合”思想早已深入人心，且在中华文化史上熠熠闪光，润泽后世。

传说拾得后来还远渡重洋，来到“一衣带水”的东邻日本传道，在日本建立了“拾得寺”，墙里开花墙外香，度了华夏度扶桑，真是功德圆满。

尤为有趣的是，高僧寒山与拾得两人的问答名句在佛教界和民间广为流传，影响甚广。“寒山问拾得：‘世间有谤我，欺我，辱我，笑我，轻我，贱我，恶我，骗我，如何处治乎？’拾得曰：‘只是忍他，让他，由他，避他，敬他，不要理他，过十年后，你且看他！’”

寒山再问道：“除此之外，还有什么处世秘诀，可以躲避别人恶意的纠缠呢？”拾得回答道：“弥勒菩萨偈语说：老拙穿破袄，淡饭腹中饱，补破好遮寒，万事随缘了；有人骂老拙，老拙只说好，有人打老拙，老拙自睡倒；有人唾老拙，随他自干了，我也省力气，他也无烦恼；这样波罗蜜，便是妙中宝，若知这消息，何愁道不了？”

清代孔尚任的《桃花扇》之“离亭宴带歇指煞”中，老艺人苏昆生放声悲歌，尽情抒发：“俺曾见，金陵玉树莺声晓，秦淮水榭花开早，谁知道容易冰消！眼看他起朱楼，眼看他宴宾客，眼看他楼塌了。这青苔碧瓦堆，俺曾睡过风流觉，把五十年兴亡看饱。那乌衣巷，不姓王；莫愁湖，鬼夜哭；凤凰台，栖枭鸟！残山梦最真，旧境丢难掉。不信这舆图换稿，诌一套‘哀江南’，放悲声唱到老。”与拾得的“过十年后，你且看他！”有异曲同工之妙。

文人与盗贼的四则幽默故事

文人与盗贼，似乎风马牛不相及。然而，史上曾发生过一些很有趣的文人与盗贼之间的故事，读来令人忍俊不禁。

“趁着月色赶豪门”

一天深夜，小偷钻进了郑板桥家的院子。郑板桥为官清廉并不怕偷，只是担心小偷碰翻了他的兰花，更担心小偷被小黄狗咬伤，于是在黑暗中“献”诗一首：“细雨蒙蒙夜沉沉，梁上君子进我门。”小偷听了吓了一跳，正欲躲藏，但听得郑板桥吟道：“腹内诗书存万卷，床头金银无半文。”小偷听明白了，知道此乃暗示，便赶紧转身，郑也就接着吟道：“出门休惊黄花犬，越墙莫损兰花盆。”小偷听了非常感激，便小心翼翼地爬墙出去，而且又听到了那个亲切的声音：“天寒不及披衣送，趁着月色赶豪门。”诗中体现了郑板桥对“梁上君子”的某种同情心和对豪门的憎恨。如此认真的叮咛，言辞之谆谆，也的确让小偷感到了一丝温暖。

“也堪将去教儿曹”

苏州有个老儒生叫沈文卿，家里很清寒。一天，他专心读书至半夜，忽而瞥见小偷进屋偷东西，又没偷到什么，就慢吞吞招呼道：“承蒙光临，送你一首诗怎么样？”于是即兴拈来朗声道：“风寒月黑夜迢迢，辜负劳心此一遭。只有破书三五册，也堪将去教儿曹。”小偷听了，苦笑着离去。

“世上如今半是君”

《唐诗纪事》卷四十六“李涉”条记载：涉尝过九江，至皖口遇盗，问何人，从者曰：“李博士也。”其豪首曰：“若是李涉博士，不用剽夺，久闻诗名，愿题一篇足矣。”涉赠一绝云：“春雨潇潇江上村，绿林豪客夜知闻。他时不用相回避，世上如今半是君。”

李涉是中唐太学博士，“工为诗，词意卓荦，不群世俗。长篇叙事，如行云流水，无可牵制，才名一时钦动。”长庆二年（822）春天，他到江西九江看望他在那里当江州刺史的弟弟李渤时途遇盗贼写此诗，题为《井栏砂宿寓夜客》。它在即兴式的诙谐幽默中寓有颇为严肃的社会内容和现实感慨。刘继兴认为，所谓“世上如今半是君”，显然别有所指。它所指的应该是那些不蒙“盗贼”之名而所作所为却比“盗贼”更甚的人们，是那些“相群相党，上下为蠡贼”之辈。相比之下，这些眼前的“绿林豪客”如此敬重诗人、富于人情，倒显得有些亲切可爱了。

盗贼们得此诗，如获至宝，用大量牛肉美酒馈赠，又两次拱手弯腰揖拜，并送李涉启程上路。

“分明一派西湖景”

到了明代，又有一个秀才遇上小偷，这也是个穷秀才。一天，他在私塾与学生授完课，回到家徒四壁的家中，饥肠辘辘的他正想做饭，当他揭开米缸时，只有数粒米躺在缸底。秀才只好小心翼翼地将那数粒米放到瓦瓯里煮。

当他捧起那清如西湖水的一瓯粥想喝时，鼻子呼出的气将瓦瓯里漂浮着的几粒米粥吹得上下翻腾，此时，秀才诗兴大发，便顺口吟了两句：“数粒熬成粥一瓯，鼻风吹起浪悠悠。”可是吟来吟去，怎么也接不下去了。正当他捧着那瓯粥在破屋里踱来踱去想下句的时候，在他家已潜伏多时的小偷实在忍不住，于是脱口而出，给秀才续上了后两句：“分明一派西湖景，只欠渔翁一钓钩。”

秀才一听连说：“好句，好句。”

古代官员断案的十大幽默判词

汉语博大精深趣味无穷，即便是多为刻板枯燥之语的古代官府断案判词中，亦有语锋机巧令人忍俊不禁者，今择十分雷人的十则幽默判词，与大家分享。

一

北宋崇阳县县令张咏发现管理钱库的小吏每日都将一枚小钱放在帽子里带走，便以盗窃国库罪把他打入死牢。小吏认为判得太重，遂高喊冤枉。张咏提笔写下判词："一日一钱，千日千钱，绳锯木断，水滴石穿！"小吏无话可说。

二

南宋清官马光祖担任京口县令时，当地权贵福王强占民房养鸡喂鸭，反状告百姓不交房租，示意地方官代他勒索。官司到了衙门，马光祖实地勘验后，判决道："晴则鸡卵鸭卵，雨则盆满钵满；福王若要屋钱，直待光祖任满。"

三

明代时，一年仲春，湖南长沙农村两户农民的牛顶斗在一起，一牛死去，一牛受伤。两家主人为此大吵大闹，不可开交，当地的县令也难断此案。这天，两家主人听说太守祝枝山察访民情路经此地，便拦路告状。祝枝山问明情况，当即判道："两牛相斗，一死一伤。死者共食，生者共耕。"双方一听，觉得合情合理，于是争端平息，两户人家来往比以前更加亲密。

四

明朝代宗时，江西南昌宁王府饲养了一只丹顶鹤，为当朝皇帝所赐。一天，宁王府的一位仆役带着这只鹤上街游逛，不料被一户平民家饲养的一只黄狗咬伤。狗的主人吓坏了，连忙跪地求饶，周围的百姓也为之讲情。但那位仆役不顾众人，拉扯着狗的主人到府衙告状。状词上写着八个大字："鹤系金牌，系出御赐。"知府接状，问明缘由，挥笔判曰："鹤系金牌，犬不识字；禽兽相伤，不关人事。"判词堪称绝妙，给人入情入理之感，仆役无言以对，只得作罢。

五

明代福建龙溪县的张松茂，与邻女金媚兰私通，被金家"捉奸成双"，把张松茂捆将到福建巡抚王刚中的大堂上，金媚兰跟着也跑来了。王刚中一看二人外貌，都是眉清目秀，举止儒雅，不像是放荡奸邪的小人，有心成全二人，便问道："你俩会作诗吗？”张、金二人惊魂未定，听了这句有些莫名其妙的问话，都赶紧点了点头。王刚中便指着堂前檐下蜘蛛网上悬着的一只蝴蝶对张松茂说：“如能以此为诗，本官便可免尔等之罪。”话刚说完，就听张松茂吟道：“只因赋性太癫狂，游遍花丛觅异香。近日误投罗网里，脱身还藉探花郎。”探花出身的王刚中心想此人才思敏捷，而且诗中有悔过之意，很是难得。便又指着门口的珠帘子对金媚兰说：“你也以此为题赋诗一首吧。”金媚兰略加思索，随即念道：“绿筠劈成条条直，红线相连眼眼齐。只为如花成片断，遂令失节致参差。”王刚中听罢，不觉击节赞叹。见他二人郎才女貌，年龄相当，便提笔写判词道：“佳人才子两相宜，致富端由祸所基。判作夫妻永偕老，不劳钻穴窥于隙。”二人磕头拜谢。金家见事已至此，也就息事宁人，很快为二人办了喜事。

六

明朝末年凌濛初编著的《初刻拍案惊奇》第十三卷《赵六老舐犊丧残生　张知县诛枭成铁案》中，讲了一个儿子深夜打贼误杀父亲，本来杀贼可恕，但却因不孝当诛而被判死罪的故事。

某地有一财主赵聪，甚为富有，与其父赵六老分开生活。一天夜里，一人在墙上钻洞，爬进财主家，被家人发现，一阵乱棒，活活被打死。待到举灯一看，被打死的贼子竟是财主的父亲！报了官，当地有关官员觉得甚难判决：儿子打死父亲，本应判死罪；而当时只知道是贼人并不知是其父，按理又不应为死罪。知县张晋判道：“杀贼可恕，不孝当诛。子有余财，而使父贫为盗，不孝明矣！死何辞焉？”随即将赵聪重责四十，上了死囚枷，押入死牢。

七

明代天启年间，有位御史口才颇佳，一名太监心怀嫉妒，设法取笑御史，便缚一老鼠前去告状："此鼠咬毁衣物，特擒来请御史判罪。" 御史沉思片刻后判曰："此鼠若判笞杖放逐则太轻，若判绞刑凌迟则太重，本官决定判它宫刑（阉割）。"太监自取其辱。

八

清朝康熙年间，福建泉州城外的"风月庵"中住有一位年轻貌美的小尼姑，该尼姑与一位姓孙的公子相爱，想还俗嫁给孙公子为妻，但又怕人说三道四。思前想后，便向州府呈状，请官府恩准。州太爷接状一看，觉得有些可笑，便在小尼姑的呈状上批道："准准准，准你嫁夫君。去禅心，超梵心，脱袈裟，换罗裙，免得孙（僧）敲月下门。"

九

清乾隆年间，一寡妇想改嫁，但遭到家人与邻居的阻挠，她就向官府呈上状子："豆蔻年华，失偶孀寡。翁尚壮，叔已大，正瓜田李下，当嫁不当嫁？"知县接状，挥笔判了一个字："嫁！"

十

清代郑板桥任山东潍县县令时，曾判过一桩 "僧尼私恋案”。一天，乡绅将一个和尚和一个尼姑抓到县衙，吵吵嚷嚷地说他们私通，伤风败俗。原来二人未出家时是同一村人，青梅竹马私定了终身，但女方父母却把女儿许配给邻村一个老财主做妾。女儿誓死不从，离家奔桃花庵削发为尼，男子也愤而出家。谁知在来年三月三的潍县风筝会上，这对苦命鸳鸯竟又碰了面，于是趁夜色幽会，不料被人当场抓住。

郑板桥听后，动了恻隐之心，遂判他们可以还俗结婚，提笔写下判词曰：“一半葫芦一半瓢，合来一处好成桃。从今入定风归寂，此后敲门月影遥。鸟性悦时空即色，莲花落处静偏娇。是谁勾却风流案？记取当堂郑板桥。”

历代名人“怕老婆”趣闻

男人怕老婆由来已久，历史上有不少饶有风趣的怕老婆的故事，一直流传至今。

一

春秋时期屠户出身的勇士专诸，与曹沫、豫让、聂政、荆轲并列为古代“五大刺客”，因其用“鱼肠剑”（铸剑大师欧冶子亲手所铸五大名剑中的两把小型宝剑之一）成功刺杀吴王僚而青史留名，被司马迁收入了《史记》的《刺客列传》之中。据《吴越春秋》记载，战国时期，伍子胥看见专诸正要跟很多人打架，妻子出来叫他，他马上就乖乖地跟回家了。伍子胥很奇怪：一个万夫莫当的大侠客，怎么会怕一个女人？于是便赶上前去询问原因，专诸告诉他：能屈服在一个女人手下的人，必能伸展在万夫之上。果然，后来专诸被伍子胥推荐给吴公子光（即后来的吴王阖闾）后，表现很不俗，以鱼肠剑惊世一刺，吴王僚当场毙命，专诸自己亦当场被杀，死去时面带笑容，可谓慷慨赴死，且不辱使命。

二

唐太宗时期的宰相房玄龄怕老婆的名声，和他的卓越政绩一起成为了千古流传的话题。有一天早朝已毕，房玄龄却在朝中徘徊不回家，唐太宗很奇怪，问他，只听他说，请皇上下旨令他的夫人不要生气，他才敢回家，太宗听了大吃一惊，没想到房玄龄竟怕老婆到这种程度。于是，为了替他的大臣出一口气，太宗就赐给他美姬。房玄龄当然是不敢要的，太宗就要皇后出马劝说房玄龄的妻子，自然也是碰了一鼻子的灰。太宗大怒，便赐房夫人鸩酒说："你要活嘛，就不要妒忌，若要妒忌那就饮此毒酒！"

只见房夫人二话不说，将毒酒接过来，一口饮下，看到这种情形的太宗，心里大为惊骇，叹道："此等女子我尚畏之，何况玄龄。"当然，太宗并不会真要她死，只是拿了浓醋吓唬她，没想到却吓着了自己和众人，而将嫉妒说成"吃醋"的典故也由此而来。

三

北宋名士陈慥，狂放不羁，傲视世间，视荣华富贵为粪土，尽管是官宦之后（其父是太常少卿、工部尚书陈希亮），但他却不喜坐车，不混官场，隐居龙丘。当地人不知道他的来历，就叫他"方山子"。

元丰三年（1080），苏东坡因"乌台诗案"被贬到黄州任团练副使，不期遇上陈慥，两人系成为好友。

陈慥在龙丘的房子叫濯锦池，宽敞华丽，家里养着一群歌妓，客人来了，就以歌舞宴客。而陈慥的妻子柳氏，性情暴躁凶妒，每当陈慥欢歌宴舞之时，就醋性大发（其实也是可以理解的）。拿着木杖大喊大叫，用力捶打墙壁（当然她不敢打陈慥，否则就会遭到休妻的惩罚），苏轼便写了首诗送给陈慥："龙丘居士亦可怜，谈空说有夜不眠；忽闻河东狮子吼，拄杖落地心茫然。"苏轼的本意只是发发牢骚，顺便调侃一下老友。却没想到"苏子文章天下闻"，陈慥从此闻名遐迩，成了怕老婆的典型。河东是柳氏的郡望，暗指柳氏。"狮子吼"一语来源于佛教，意指"如来正声"，比喻威严。后来这个故事被宋代的洪迈写进《容斋三笔》中，广为流传。河东狮吼的典故从此确立，至今仍然是凶悍妻子的形容词。又因为陈慥字季常，后来人们就把怕老婆的人称为"季常癖"。

四

明朝"抗倭"名将戚继光统兵数万，威震东南，却每闻老婆大人驾到而惶惶不可终日。其部下皆不平，纷纷表示要为大帅教训这个"悍妇"。戚继光被部下所激，命亲兵接老婆入军营。帐内众将皆盔明甲亮，手执利刃，想给其妻一个下马威。不一会儿，其妻来到营帐，见了这等阵势，却无丝毫恐惧之色，对着戚继光喝道："唤我何事?"戚继光闻言，胆战心惊，小心翼翼地说道："特请夫人阅兵。"

又有一次，戚继光架不住部下的极力怂恿，冲入家里想用利剑吓唬一下老婆，以振夫纲。当时其妻午睡刚醒，戚继光拿着宝剑大声喊喝以给自己壮威，其妻立马怒吼道："你拿着宝剑想要干什么？"戚将军吓得浑身哆嗦，宝剑掉地，仓皇应答道："我想给夫人杀只鸡吃，所以才高声叫唤。"夫人一听，开口说：

“以后杀鸡再不要大声嚷嚷。”

五

清朝年间,有一知府刚走马上任,就听说当地的官吏都有一个毛病——怕老婆。于是他想验证一下。

一天,官吏们都到齐了。

知府大人说道:“听说这里有个风俗,就是男人都怕老婆,不知道诸位如何?现在,我想请怕老婆的站到左边来,不怕的站右边去。”

听了知府的话,大小官吏你看我我看你,谁也没动。知府大人又说:“现在诸位的内人就在隔壁的房子里。”话音刚落,只见大小官吏纷纷站到了左边。最后只有一人慢慢站到右边。

知府见了哈哈大笑:“谁说这里的男人各个怕老婆,还有一个不怕嘛!”他走到这个小官跟前说:“跟他们讲一讲,你是怎么站到这边来的?”这位小官忙说:“早晨出门的时候,我老婆告诉我不要往人多的地方去!”

讲演票价比梅兰芳戏票还高的民国奇才

以一袭破旧的马褂、一顶瓜皮小帽压着的长辫，以及关于缠足、纳妾等奇谈怪论闻名的旷世怪杰辜鸿铭，自称是“生在南洋，学在西洋，婚在东洋，仕在北洋”的“东西南北人”。他学贯中西，精通英、法、德、拉丁、希腊、马来西亚等 11 种语言，曾同时为操六种语言的银行团当翻译，被孙中山、林语堂称之为“中国第一语言天才”。

其时的许多大名人均很佩服辜鸿铭，对之无不溢美。李大钊说：“愚以为中国两千五百余年文化所钟出一辜鸿铭先生，已足以扬眉吐气于 20 世纪之世界。”林语堂这样评价他：“英文文字超越出众，二百年来，未见其右。造词、用字，皆属上乘。总而言之，有辜先生之超越思想，始有其异人之文采。鸿铭亦可谓出类拔萃，人中铮铮之怪杰。”大学者吴宓说：“辜氏实中国文化之代表，而中国在世界唯一之宣传员。”

辜鸿铭 1856 年生于南洋，留学英、法、德等国，归国后曾为张之洞幕僚，官至清末官外务部左丞，辛亥革命后任教于北京大学，直到 1928 年 4 月 30 日去世。辜鸿铭推崇儒家学说，反对新文化；拥护帝制，反对民主共和，并说西太后是中国道德最高尚的人；拖辫蓄妾（号称清朝最后一根辫子，至死的时候还留着），主张一夫多妻制。所以，当时人们视其为“老顽固”，周作人说他是北大“顶古怪的人物”。但辜鸿铭是五四时期以前唯一有分量的向西方积极弘扬中国文化的中国学者，他曾将儒家经典《论语》、《孟子》、《中庸》、《孝经》等译成英文、德文，刊行于国外，影响非常巨大。其英文著作有《中国的牛津运动》、《春秋大义》等。中文著作有《读易草堂文集》、《辑蒙养弦歌》和《张文襄幕府纪闻》等。

民国早年，辜鸿铭不仅在国内名声鼎沸，在西方世界名气更大，甚至到了被神化的地步。一度，辜鸿铭成了中国文化和中华文明的代名词。当时西方人曾流传一句话：到中国可以不看三大殿，不可不看辜鸿铭。据刘继兴考证，有一次，辜氏在东交民巷内的六国饭店，用英文讲演 *The Spirit of Chinese People*（他自译为《春秋大义》），中国人讲演从来没有卖票的，他却卖票，并且卖得很贵。当时听梅兰芳的戏，最高票价不过一元二角，而他的门票则售两元，其风光之至可见一斑。

辜鸿铭不仅古怪、狂狷，而且十分幽默，以下是他留给后人的一些奇闻趣事。

戏谑德国青年

辜鸿铭在欧洲留学时，有一天他乘坐从维也纳到柏林的火车。因路途疲劳，他顺手拿起一张报纸盖住脸，闭着眼睛在那里养神。

这时，对面空位上来了三个神气十足的德国青年。他们刚一坐定就对辜鸿铭评头论足：“瞧那个中国佬，连报纸都拿倒了，自以为还蛮像那么回事！”他们以为辜鸿铭不懂德语，说完后就忘乎所以地大笑。

这时，只见辜鸿铭懒洋洋地抬起头，一张嘴就抛出一串字正腔圆的德语：“你们的德国文字这玩意儿太简单了，若不倒过来看，还有什么意思？甭说报纸上这通俗的玩意儿，就是你们圣人歌德的《浮士德》，我也能跟你们背个一字不差。”

末了，辜鸿铭还引用歌德的语录，教训他们该如何尊重人，羞得这三个德国小伙子面红耳赤。

有形和无形

当留着辫子的辜鸿铭以教授的身份走进北京大学的课堂时，剪了辫子的北大学子哄堂大笑。

辜鸿铭平静地说：“我头上的辫子是有形的，你们心里的辫子则是无形的。”

课堂顿时静默。

孔教的好处

辜氏的幽默更多地表现在他的日常言谈中。“有一次，鸿铭应外国友人的宴饮，来宾中只有他是华人，于是大家便推他坐首席。坐定后大家谈论中西文化，席间有人问他：‘孔子之教，究竟好在哪里？’辜答以：‘刚才诸君互相推让，不肯居上座，这就是行孔子之教。假如行今日西洋物竞天择之教，以优胜劣败为主旨，则今天这一席酒菜势必要等到大家竞争一番，俟胜败决定，然后坐定，才能动筷子了。’他这妙论一出，引得座客捧腹不已。”

去教育蛮夷

有一次，有一个学生在课堂上问辜鸿铭：“老师，您去过不少国家，您认为哪个国家的人最懂得生活呢？”

辜鸿铭回答说：“要说生活，我们中国人最懂生活。”

辜鸿铭非常自豪的回答引起学生们广泛的兴趣，于是又有学生问：“最懂得生活的我们中国人为什么还要学英文呢？”

辜鸿铭掷地有声地说：“我要告诉大家的是，学好了英文，好去教育那些西方的蛮夷！”

纳妾妙论

辜鸿铭既会讲英国文学，又鼓吹封建礼教。他当北大教授时，有一天，他和两个美国女士讲解“妾”字时说：“‘妾’字，即‘立女’，意思是说男人疲倦时，手靠其女也。”

这两个美国女士一听，反驳道：“那女子疲倦时，为什么不可以将手靠男人呢？”

辜鸿铭从容申辩道：“你只见过1个茶壶配4个茶杯，哪有1个茶杯配4个茶壶的呢？其理相同。”

据说，一个德籍太太在洋人举办的宴会上，也曾以同样的问题质询辜鸿铭。这次，辜鸿铭先是不断摇头，连说：“‘一妻多夫’于情不合，论理有亏，对事有悖，于法不容。”然后他话头一转，以亲切的语气问那位太太：“敢问夫人代步是用汽车还是用打气筒？”贵妇不知他葫芦里卖的是什么药，只好据实答道：“汽车。”辜氏不慌不忙地问：“汽车有四只轮胎，府上备用有几个打气筒？”此语一出，哄堂大笑，弄得那洋贵妇人也瞠目结舌，啼笑皆非。

辜鸿铭这段分别用茶壶、茶杯来比喻男人、女人的“妙喻”，一时成为笑谈而广为传播，以至后来引出一段爱情佳话：徐志摩和陆小曼结婚后，陆小曼怕徐志摩再和别人有爱意，就对徐志摩说：“志摩，你可不能拿辜老的茶壶譬如来作借口而多置茶杯。你要知道,你不是我的茶壶,而是我的牙刷,茶壶可以公用,牙刷可不行。”

菊残犹有傲霜枝

1920年,“辫帅”张勋67岁生日时,辜鸿铭特意为他挥毫赠送一副寿联,上书14个字:

荷尽已无擎雨盖,
菊残犹有傲霜枝。

这本是苏东坡送给好友刘景文的诗句。期望他不要懈怠失望,要珍惜剩下的好时光。可到了辜鸿铭这里,却别有新意。

有一天,辜鸿铭与胡适同席应酬。席间,辜对胡说:“去年张勋过生日,我送给他一副对子,上联是‘荷尽已无擎雨盖’,你猜下联是什么?”

胡适想了好半天,想不出来,便问辜鸿铭。辜鸿铭说:“下联是‘菊残犹有傲霜枝’。”

胡适听了辜鸿铭所说的这副对联,突然想到了辜和“张辫帅”的那条都不肯剪去的辫子,不禁哈哈大笑起来。

辜鸿铭见胡适大笑,便问道:“你懂得这副对联的意思吗?”

胡适回答说:“所谓‘傲霜枝’指的是你和张勋都留着的长辫子了。不过,‘擎雨盖’是指什么我倒真的还不知道。‘擎雨盖’究竟指的是什么呢?”

辜鸿铭解释说:“‘擎雨盖’就是指清朝的红缨大帽子嘛!”

鲁迅先生的经典幽默

鲁迅先生一生中写过不少脍炙人口的诗文，融讽刺性与趣味性于一体。尤其是他的打油诗辛辣有加，妙趣横生，且入木三分。如鲁迅先生曾写的《南京民谣》打油诗："大家去谒陵，强盗装正经；静默十分钟，各自想拳经。"揭露国民党的内部摩擦，对他们伪装正经的行为进行辛辣的讽刺。格调幽默风趣，语言通俗如话，生动形象。

鲁迅先生还曾写过两首鲜为人知的打油诗。这两首诗在新中国成立后出版的鲁迅诗歌欣赏册子中极少选有。

这两首诗都写于二十世纪三十年代。一首是咏大学者钱玄同的。诗曰："作法不自毙，悠然过四十，何妨以肥头，抵挡辩证法。"

钱玄同是新文化运动的主将，是反封建文化的先锋，曾以"金心异"的笔名在《新青年》上发过不少激进文章。其中有一篇主张人超过 40 岁就应统统去死，从而使社会年轻化。而后来他却不能与时俱进，退化为保守主义者。作为一名北大教授，钱玄同还曾扬言，北京大学要开设辩证法课，除非砍掉他的脑袋。鲁迅先生与钱玄同曾是好朋友，中国现代文学史上的第一篇白话小说、鲁迅先生的第一篇小说《狂人日记》，就是鲁迅在钱玄同的敦促下创作的，发表于钱玄同编辑的《新青年》杂志。后两人因人生观、社会观不同而分道扬镳。鲁迅先生用寥寥 20 字，便将钱玄同先偏激后保守刻画得惟妙惟肖。

钱玄同是章太炎的弟子，其兄钱恂是晚清的名人，曾在日本、俄国、法国、意大利、荷兰等国做过外交官。大家所熟悉的物理学家钱三强，是钱玄同的二公子。钱玄同上世纪 30 年代起一直担任北京师范大学教授，他的讲课也以幽默著称。1936 年，钱玄同在北师大中文系讲传统音韵学，讲到“开口音”与“闭口音”的区别，一同学请他举一个例子，他说——北京有一位京韵大鼓女艺人，形象俊美，特别是一口洁白而又整齐的牙齿，引人注目。女艺人因一次事故，掉了两颗门牙，应邀赴宴陪酒时，坐在宾客中很不自在，尽量避免开口，万不得已，有人问话才答话。她一概用“闭口音”，避免“开口音”，这样就可以遮丑了，如这样的对话：“贵姓？”“姓伍。”“多大年纪？”“十五。”“家住哪里？”“保安府。”“干什么工作？”“唱大鼓。”

以上的答话，都是用“闭口音”，可以不露齿。等到这位女艺人牙齿修配好了，再与人交谈时，她又全部改用“开口音”，于是对答又改成了：“贵姓？”“姓李。”“多大年纪？”“十七。”“家住哪里？”“城西。”“干什么工作？”“唱戏。”学生听了后，都笑得前仰后合。

钱玄同在教学和学术研究方面的贡献也是很显著的。他所著的《文字学音篇》是我国高等学校最早的音韵学教科书。

鲁迅的另一首打油诗是咏资深编辑、翻译家赵景深的。诗曰“可怜织女星，化作马郎妇，乌鹊疑不来，迢迢牛奶路”。

赵景深是二三十年代著名的文学编辑，扶植过许多文学青年，有不少作家的处女作就是在他主编的刊物上发表的。他还翻译过一些外国文学作品，但由于对外文不是十分精通，所以他的译作中时有错误出现。一次，他将 Milky Way（银河）误作

"牛奶路"。又一次他将 Zentaur(半人半马怪)译作"半人半牛怪"。鲁迅先生对赵景深译作中的这两处错误,写了以上这首打油诗,善意地嘲讽、批评了这位翻译家治学上的不严谨。

鲁迅曾留下大量的书信,现存有 1455 封。这些书信不仅记述了鲁迅的友情、亲情传达,文债往还等,聚焦世事、人情、学问,而且常常迸现出思想的火花,总是让人眼前一亮。他在给友人的信中说:"上海实危地,杀机甚多,商业之种类又甚多,人头也是货色之一。"他这样揭露一些丑人:"连寻人广告,也有自己去登借此扬名的。"他厌恶那些"才子","扭扭捏捏没有人气,不像人样,虽然改穿西装了,内容也并不两样。"

读这些书信,可使我们认识一个更为真实全面的鲁迅,一个"圆整"而非"平板"的鲜活的伟人。

有趣的是,鲁迅在信尾所用的问候语常常十分俏皮,读来令人忍俊不禁。

写信,自然少不了在信尾写上问候语的。鲁迅早期的信多用文言文,结尾常用"此颂曼福"、"即颂时馁"等句。后来,鲁迅用白话文写信,如收信人从事著译工作,信尾写的是"即颂著祺"、"即请撰安"等句。是教师,用"并请教安";是学生,用"即颂学安"。如是夫妇,便"即请俪安"。如是离家在外者,用"即请旅安"。写给母亲的信,要"恭请金安"。如果在春节时写信,会"即颂年禧";若是春夏季节写信,就用"并颂春祺"、"顺请暑安"。此外,鲁迅还根据不同的信,在信尾写"日安"、"时安"、"刻安"等问候语。

鲁迅曾写给许广平不少书信,仅《两地书》原信就保存下来了 68 封。这些书信中,体现着鲁迅惯有的幽默,信尾问候语也很风趣。1925 年 7 月 16 日,鲁迅给许广平写了一封信,信中就北京女师大学生反对校长杨荫榆封建家长式的统治和许广平讨论,信尾用的是"顺颂嚷祉"的问候语,祝福她在吵嚷中得到幸福快乐。

1935年7月,作家叶紫给鲁迅写了一封信,信中说:“我已经饿了”,“借我十元或十五元钱,以便救急”。7月30日,鲁迅给叶紫写了一封回信,给了他一些钱,信尾问候语是“即颂饿安!”如此之出人意料之问候,实在是俏皮得很,凸显出了一个很可爱的鲁迅形象来。

绝妙的人名联

一

戊戌维新失败，康有为逃亡海外，得知谭嗣同遇害，撰联挽曰："复生，不复生矣；有为，安有为哉？"谭嗣同字复生。此联表达了对烈士的哀悼和自己无可奈何的心情，还将死者和自己的名字巧妙自然地嵌了进去。

二

一九三七年，时任国民党第二战区司令长官的阎锡山到无锡游览。登上锡山以后想出一个上联："阎锡山过无锡登锡山锡山无锡。""无锡锡山山无锡"本是一个旧上联，但经阎锡山改造以后，一连出现三个"锡山"、两个"无锡"，而且又是人名，又是地名，一时竟无人能对。

一九四五年，《新华日报》华中社社长范长江随陈毅到安徽采访。当到达天长县时，他突然灵感涌动，对出了阎锡山的"绝对"："范长江到天长望长江长江天长。"三个"长江"，两个"天长"，同样既有人名，也有地名，完全符合要求，而且气势恢弘，真可谓神来之笔。

三

一九三二年，民国才子易君左写了一本《闲话扬州》，对扬州人的啰嗦有所讽刺。此册行文不失严谨，又取材丰富，所以销售畅旺。引发扬州各界人士的不满。最后易君左在报纸上登启事，向扬州人民道歉，上海中华书局将全部印好的《闲话扬州》销毁，才了此公案。由于这场风波成为街谈巷议热门话题，事后，有好事者撰了半副对联："易君左，闲话扬州，引起扬州闲话，易君左矣。"

此联在报纸上登出之后，不少人续撰下联，续得最好的是："林子超，国府主席，何尝主席国府，林子超然。"

国民党元老林森，字子超，原任南京国民政府立法院副院长，1931 年 12 月，蒋介石辞去国民政府主席，林任国民政府代主席。林虽尊为国府主席，却无半点实权，实际大权仍在蒋手上。林非常超脱，不与蒋争权。这副下联与上联珠联璧合，所对亦系真人实事，真乃奇对。

四

1982 年，中央电视台举办迎春征联活动，以一个七言上联征对，联曰："碧野田间牛得草。"上联嵌入作家碧野、诗人田间、戏剧表演艺术家牛得草，皆为观众所熟悉的名人。全国应对的下联数以千计，其中一联曰："金山路遥马识途。"金山是著名演员，路遥与马识途乃著名作家。此联联语对仗异常工整，内容妥切自然，堪称绝对。

民国报纸标题中的神来之笔

俗话说“看书先看皮，看报先看题”，“题好一半文”，读者打开报纸，要看什么，先看什么，取决于标题。旧中国的老报人们对标题制作非常重视，有不少神来之笔，不仅幽默风趣，而且辛辣有力。

一

上世纪30年代，何应钦任湖南省代省长时，有一年清明节曾去岳麓山扫墓。当时据官方要求，各报必须及时配发新闻，指令标题为《何省长昨日去岳麓山扫其母之墓》。不料，翌日某报却把标题改为《何省长昨日去岳麓山扫他妈的墓》。虽然字数、题意与原标题毫无二致，且更加通俗易懂，但“他妈的”三个字却又是一句国骂，因此，这一语双关的妙题令当事人啼笑皆非，而广大读者也忍俊不禁。

二

也是上世纪三十年代的一天早晨，丰子恺翻开上海的“新闻报”，一篇题为《丰子恺画画不要脸》的文章赫然入目。他不禁大吃一惊，心想：自己素来与人无冤无仇，何以对他这样破口大骂？因而怒不可遏。待他看完全文，却发出了会心的微笑。究竟是怎么回事呢？

原来是有人在针对丰先生的《乡村学校的音乐课》一画进行评论，画中的孩子们一个个张大了嘴巴，跟着拉二胡的先生唱歌。虽然画面上的人物没有眼睛和鼻子，但读者从他们扬着头、张着嘴的神态中，仍能体会到这群活泼可爱的孩子正沉浸于全身心地投入唱歌而带来的欢乐之中。刘继兴考证，亚洲第一位诺贝尔文学奖获得者、印度大诗人泰戈尔曾这样称赞过丰子恺的这种画法：“用寥寥几笔，写出人物个性。脸上没有眼睛，我们可以看出他在看什么；没有耳朵，可以看出他在听什么，高度艺术所表现的境地，就是这样。”

这篇题为《丰子恺画画不要脸》的文章说出了丰子恺画画的特点：人物脸部虽然没有眼睛鼻子，却惟妙惟肖。

丰老很赏识这篇品评他画作的文章。事过三十多年，他还清楚记得文章发表的年月和作者的名字。

三

抗战时期，国民党政府陪都重庆，物价暴涨、产品偷工减料，连烧饼、油条也纷纷涨价。《新民报》编辑程大千将一条物价飞涨的新闻框了一个花边，仿宋词佳句“流光容易把人抛，红了樱桃，绿了芭蕉”，拟了一条标题：“物价容易把人抛，薄了烧饼，瘦了油条”。

见报后，读者纷纷叫绝。

四

抗战时期,日军在大亚湾登陆,广东省主席吴铁城,广州市市长曾养甫,第七战区司令长官余汉谋均不战而逃,致广州沦陷。香港某报愤慨地将失地事件与三人名字巧妙地嵌在标题之中,即成:

余汉无谋　吴铁失城　曾养离甫

此嵌名标题讽刺辛辣,使国民党军政要员的投降嘴脸暴露无遗。

五

1947 年,金圆券大贬值,民不聊生,工薪阶层苦不堪言。武汉《大刚报》曾在头版头条刊出大字标题:

公教人员不是东西(主)

是东西也应当涨价!(副)

标题以诙谐幽默的口气,为广大公教人员的生存发出了一声呐喊。

六

1947 年 5 月 8 日,《文汇报》把国民党政府查禁《窃国大盗袁世凯》一书和四川省府务会议决定购买《伟大的蒋主席》

一书分配给机关公务员这两条出版消息合在一起编发,加了一条这样的标题:

《袁世凯》要查禁
《蒋主席》必须读

从字面上查(当时国民党的新闻检查很严),查不出什么倾向来,但加上这两行标题,互相映衬,读者一看就明白了,这就叫"绵里藏针"的斗争艺术。

七

解放战争时期,湖南、湖北一带的国民党报纸常刊登贺龙已被活捉枪毙的消息。一次,某日报纸又受命刊登这一"新闻"。原标题为"匪首贺龙昨被活捉枪毙"。一位编辑实在无奈,便在编排时有意在"被"字的前面加了个"又"字,出报时,变成"匪首贺龙昨又被活捉枪毙"。仅仅一个"又"字,使谣言不攻自破。

八

国民党统治区有一家报纸,对蒋介石频繁打内战深为不满,于是刊登了一篇文章,标题为:战而时习之,不亦乐乎?

这个标题是套用《论语》开头的第一句话:"学而时习之,不亦乐乎"。文章发表后,该报在一周内竟然被停刊两次。另一家报纸对此愤愤不平,特意发消息以声援同行,并加上这样的标题:

报而时停之，不亦乐乎！

对此绝妙标题，老百姓读之，不亦乐乎！

九

1948年，美国驻中国特使马歇尔奉命回国，被派到南京接替马歇尔职务的是华莱士。当时南京某大报纸以《马歇尔歇马华莱士来华》作标题报道了这条新闻。

此标题运用"回文"手法，正读反读都一样，巧妙至极，至今为报界称道。

在标题制作方面最有成就的当属老报人张友鸾。张友鸾生于1904年，安徽安庆人，历任北平《世界日报》、上海《立报》、南京《民生报》、《新民报》、《南京人报》总编辑。1953年调人民文学出版社任古典文学编辑。同时代人把他称为"最有风趣的报人"。时人评价，张友鸾"熟知民国史事及掌故轶闻，夜间编务之暇，一烟在手，濡笔为文"，"情韵连绵"，"妙语如珠"。他记事怀人，文章虽小，却"令人忍俊不禁，于笑声中每有所得"。

张友鸾在近三十年的报界从业经历中，设计标题历来是以用心、精致著称。即使一则普通的气象新闻，他所取标题也别有趣味。一次，南京连日阴雨，张友鸾听完气象预报，提笔写出新闻标题："潇潇雨，犹未歇，说不定，落一月。"令许多人过目难忘。

《新民报》抗战期间刊发了一则讽刺国民党官员生活腐化的新闻，张友鸾拟标题为"前方吃紧，后方紧吃"。因其构思奇巧,语意生动,一针见血,以至于轰动了整个山城,迄今仍使人记忆犹新。

在《新民报》任总编辑时,张友鸾对社会新闻、大小消息都十分在意。九一八事变后,群众要求政府抗日,他拟标题为“国府门前钟声鸣,声声请出兵”。政府为士兵募集冬衣,他题为“西风紧,战袍单,征人身上寒”。而报道贫富差距,他又取标题叫“难民不能求一饱,银耳参茸大畅销”。

1943 年,张友鸾在成都《新民报》主编社会新闻,当时成都各大、中学校毕业生大都找不到工作。青年学子们深感出路问题严重,怨声载道。《新民报》社会新闻版“学府风光”一栏登载了四川大学通讯员写的一则消息,说该校厕所管道堵塞,不能使用。张友鸾当即挥笔制作了耐人寻味的标题:

川大出路成问题

一语双关,警策动人,犀利无比,大为读者称赞。川大校长系国民党省党部主任黄季陆,阅报大怒,但又无法发作,只能悻悻作罢。

钱钟书《围城》之外的俏皮话

被学界称为“二十世纪人类最智慧的头颅”、“文化昆仑”的钱钟书，不仅精通英文、法文、德文、意大利文及拉丁文、西班牙文，而且对中西方古典的和现代的文学、哲学、心理学以至各种新兴的人文学科，能够像魔术师一般，把种种本不亲和甚至相互排斥的东西，不落痕迹、天衣无缝地融合在一起。他的作品中，集合中西文化元素的幽默之语俯拾皆是。

《围城》是中国有史以来最幽默的小说，人们了解钱钟书的幽默，也大都来自《围城》。且看《围城》中的一些幽默片段：

“他们便找到一家门面还像样的西菜馆。谁知道从冷盘到咖啡，没有一样东西可口：上来的汤是凉的，冰淇淋倒是热的；鱼像海军陆战队，已登陆了好几天；肉像潜水艇士兵，会长期伏在水里；除了醋以外，面包、牛油、红酒无一不酸。”

“有个生脱发病的人去理发，那剃头的对他说不用剪发，等不了几天，头发压根儿全掉光了；大部分现代文学也同样的不值得批评。”

“眼睛两条斜缝，眉毛高高在上，跟眼睛远的彼此要害相思病。”

“没受教育的人，因为不识字，上人的当；受教育的人，因为识了字，上印刷品的当。”

诸如此类的幽默在《围城》中举不胜举。这里就不赘述了，本文主要探讨《围城》外的一些鲜为人知的钱氏俏皮话。

“有种人神气活见，你对他恭维，他不推却地接受，好像你还他的债，他只恨你没有附缴利钱。另外一种假作谦虚，人家赞美，他满口说惭愧不敢当，好像上司纳贿，嫌数量太少，原璧退还，好等下属加倍再送。”

“你不会认识我，虽然你上过我的当。你受我引诱时，你只知道我是可爱的女人、可亲信的朋友，甚至是可追求的理想，你没有看出是我。只有拒绝我引诱的人，像耶稣基督，才知道我是谁。”

“做文章时，引用到古人的话，不要用引号，表示辞必己出，引用今人的话，必须说‘我的朋友’——这样你总能招揽朋友。”

“为别人做传记也是自我表现的一种；不妨加入自己的主见，借别人为题目来发挥自己。反过来说，作自传的人往往并无自己可传，就称心如意地描摹出自己老婆、儿子都认不得的形象，或者东拉西扯地记载交游，传述别人的轶事。所以，你要知道一个人的自己，你得看他为别人做的传。自传就是别传。”

——以上均见钱钟书的《魔鬼夜访钱钟书先生》一文

“李太太深知缺少这个丈夫不得；仿佛阿拉伯数码的零号，本身毫无价值，但是没有它，十百千万都不能成立。”

——见钱钟书的短篇小说《猫》

“我们吃了人家的饭该有多少天不在背后说主人的坏话,时间的长短按照饭菜的质量而定;所以做人应当多多请客吃饭,并且吃好饭,以增进朋友的感情,减少仇敌的毁谤。这一番议论,我诚恳地介绍给一切不愿彼此成为冤家的朋友,以及愿意彼此变为朋友的冤家。至于我本人呢,恭候诸君的邀请,努力奉行猪八戒对南山大王手下小妖说的话:“不要拉扯,待我一家家吃将来。”

——见钱钟书的《吃饭》一文

“笑的确可以说是人面上的电光,眼睛忽然增添了明亮,唇吻间闪烁着牙齿的光芒。我们不能扣留住闪电来代替高悬普照的太阳和月亮。所以我们也不能把笑变为一个固定的、集体的表情。”

——见钱钟书的《说笑》一文

“快乐在人生里,好比引诱小孩吃药的方糖,更像跑狗场里引诱狗赛跑的电兔子。几分钟或者几天的快乐赚我们活了一世,忍受着许多痛苦。我们希望它来,希望它留,希望它再来——这三句话概括了整个人类努力的历史。在我们追求和等待的时候,生命又不知不觉地偷渡过去。”

——见钱钟书的《论快乐》一文

“据说每个人需要一面镜子,可以常常自照,知道自己是个什么东西。不过,能自知的人根本不用照镜子;不自知的东西,照了镜子也没有用。”

——见钱钟书的《读伊索寓言》一文

“父亲开了门，请进了物质上的丈夫，但是理想的爱人，总是从窗子出进的。换句话说，从前门进来的，只是形式上的女婿，虽然经丈人看中，还待博取小姐自己的欢心；要是从后窗进来的，总是女郎们把灵魂肉体完全交托的真正情人。你进前门，先要经门房通知，再要等主人出见，还得寒暄几句，方能说明来意，既费心思，又费时间，那像从后窗进来的直接痛快好像学问的捷径，在乎书背后的引得，若从前面正文看起，反见得愈远了。”

——见钱钟书的《窗》一文

“偏见可以说是思想的放假。它不是没有思想的人的家常日用，而是有思想的人的星期日娱乐。”

——见钱钟书的《一个偏见》一文

钱钟书的演讲也十分幽默，他往往用非常俏皮的话来开场。且看他1980年秋在日本爱知大学演讲的开场白：“先生们出的题目是《粉碎‘四人帮’以后中国的文学情况》，这是一个好题目，好题目应当产生好文章，但是这篇好文章应当由日本学者来写。中国老话说：‘旁观者清，当局者迷’，又说：‘不识庐山真面目，只缘身在此山中’，西洋人说：‘A Spectatorsees Most Of The Game’，贵国一定也有相似的话……我个人还有一个很大的不利条件。我对日本语文是瞎子、聋子兼哑巴，因此今天全靠我这位新朋友荒川清秀先生来做我的救苦救难的天使。而诸位先生都是精通中国语文的。所以我对中国文学现状的无知，诸位一目了然；而诸位对中国文学现状的熟悉，我两眼漆黑。用十九世纪英国大诗人兼批评家柯勒律治的话来说：

‘诸位对我的无知有所知，而我对诸位的所知一无所知。’”

钱钟书在早稻田大学文学教授座谈会上即席作《诗可以怨》的演讲，其开场白也令人捧腹：“到日本来讲学，是很大胆的举动，就算一个中国学者来讲他的本国学问，他虽然不必通身是胆，也得有斗大的胆。理由很明白简单。日本对中国文化各方面的卓越研究，是世界公认的；通晓日语的中国学者也满心钦佩和虚心采用你们的成果，深知道要讲一些值得向各位请教的新鲜东西，实在不是轻易的事。我是日语的文盲，面对着贵国汉学或支那学的丰富宝库，就像一个既不懂号码锁又没有开播工具的穷光棍，瞧着大保险箱，只好眼睁睁地发愣。但是，盲目无知往往是勇气的源泉。意大利有一句嘲笑人的惯语，说：他发明了雨伞。据说有那么一个穷乡僻壤的土包子，一天在路上走，忽然下起小雨来了，他凑巧拿着一根棒和一方布，人急智生，把棒撑了布，遮住头顶，居然到家没有淋得像落汤鸡。他自我欣赏之余，也觉得对人类作出了贡献，应该公诸于世。他风闻城里有一个发明品专利局，就兴冲冲拿棍连布，赶进城去。到那局里报告和表演他的新发明。局里的职员听他说明来意，哈哈大笑，拿出一把雨伞来，让他看个仔细。我今天就仿佛那个上注册局的乡下佬，孤陋寡闻，没见识过雨伞。不过，在找不到屋檐下去借躲雨点的时候，棒撑着布也不失自力应急的一种有效办法。”

1989 年《钱钟书研究》编委会成立，他对这事却极力反对，曾向发起人之一、第一个称赞钱钟书为“文化昆仑”的学者舒展抗议：“昆仑山快把我压死了。大抵学问是荒江野老屋中二三素心人商量培养之事，朝市之显学必成俗学。”又说：“读书人如叫驴推磨，若累了，抬起头来嘶叫两三声，然后又老老实实低下头去，亦复踏陈迹也。”

钱钟书对专门召开他的作品研讨会都极不赞成。他曾说：“有些所谓的研讨会其实就是请一些不三不四的人，吃一些不干不净的饭，花一些不明不白的钱，说一些不痛不痒的话，开一个不伦不类的会！”

1991年，全国十八家省级电视台联合拍摄《中国当代文化名人录》，要拍钱钟书，被他婉拒了，别人告诉他被选入者可获得一大笔钱，他淡淡一笑：“我都姓了一辈子‘钱’了，还会迷信这东西吗？”

一天，有个青年问钱钟书先生，怎样才能像他一样使自己的作品被图书馆收藏。

钱钟书先生风趣地回答说：“要想自己的作品能够收列在图书馆里，得先把图书馆安放在自己的作品里。”

国外曾有人说，如果把诺贝尔奖授予中国作家，只有钱钟书当之无愧。当诺贝尔文学奖评奖委员、著名汉学家马悦然真的向钱钟书谈及此事。钱钟书却对马悦然说：“你跑到这儿来神气什么，你不就仗着我们中国混你这碗饭吗？在瑞典，你是中国文学专家，到中国来你是诺贝尔文学奖评奖委员会的专家，你在外面都做了些什么工作？巴金的书译成那样，欺负巴金不懂英文是不是？那种烂译本谁会给奖？中国作品就非得译为英文才能参加评奖，别的国家都可以用原文参加评奖，这有道理吗？”对于诺贝尔奖的评价，钱钟书先生再一次体现了他惯有的幽默：“诺贝尔设立奖金比他发明炸药危害更大。”

钱钟书关于
女人及情感的妙侃

马克·吐温曾这样下过定义："幽默是一个人听过后要回想一下才会笑的语言。"钱钟书在其散文《说笑》中说："一个真有幽默的人别有会心，欣然独笑，冷然微笑，为沉闷的人生透一口气。也许要在几百年后、几万里外，才有另一个人和他隔着时间空间的河岸，莫逆于心，相视而笑。"

说得太好了！幽默不是浅显的搞笑，它是对生活深入的理解，是对生活的本质的凝练概括，是一种睿智的表现！钱钟书《说笑》中还这样说："真有幽默的人能笑，我们跟着他笑；假充幽默的小花脸可笑，我们对着他笑。小花脸使我们笑，并非因为他有幽默，正因为我们自己有幽默。"

钱钟书确实践行了自己的幽默观，不愧为一代幽默大师。他的幽默信手拈来，每每令人忍俊不禁。他的幽默无所不包，涵盖了生活的方方面面。今择其妙侃女人及情感的幽默之语，与各位看官共享。

先看其"锱铢积累"而写成的经典之作《围城》中的那些俯拾皆是的妙语：

"围在城里的人想逃出来，城外的人想冲进去，对婚姻也罢，职业也罢，人生的愿望大都如此。”

“那个戴太阳眼镜、身上摊本小说的女人，衣服极斯文讲究。皮肤在东方人里要算得白，可惜这白色不顶新鲜，带些干滞。她去掉了黑眼镜，眉清目秀，只是嘴唇嫌薄，擦了口红还不够丰厚。假使她从帆布躺椅上站起来，会见得身段瘦削，也许轮廓的线条太硬，像方头钢笔划成的。年龄看上去有二十五六，不过新派女人的年龄好比旧式女人合婚帖上的年庚，需要考订学家所谓外证据来断定真确性，本身是看不出的。”

“那女人平日就有一种孤芳自赏、落落难合的神情——大宴会上没人敷衍的来宾或喜酒席上过时未嫁的少女所常有的神情——此刻流露出嫌恶，黑眼镜也遮盖不了。”

“有人叫她‘熟食铺子’，因为只有熟食店会把那许多颜色暖热的肉公开陈列；又有人叫她‘真理’，因为据说‘真理是赤裸裸的’，而鲍小姐并未一丝不挂，所以他们修正为‘局部的真理’。”

“那时候苏小姐把自己的爱情看得太名贵了，不肯随便施与。现在呢，宛如做了好衣服，舍不得穿，锁在箱里，过一两年忽然发现这衣服的样子和花色都不时髦了，有些自怅自悔。”

“孙太太眼睛红肿，眼眶似乎饱和着眼泪，像夏天早晨花瓣上的露水，手指那么轻轻一碰就会掉下来。”

“除掉那句古老得长白胡子、陈腐得发霉的话‘女人是最可怕的！’还有什么可说！”

“苏小姐双颊涂的淡胭脂下面忽然晕出红来，像纸上沁的油渍，顷刻布到满脸，腼腆得迷人。”

“据说‘女朋友’就是‘情人’的学名，说起来庄严些，正像玫瑰花在生物学上叫‘蔷薇科木本复叶植物’，或者休妻的法律术语是‘协议离婚’。”

“可是不知怎样，他老觉得这种小妞儿腔跟苏小姐不顶配，并非因为她年龄大了……只能说是品格上的不相宜，譬如小猫打圈儿追自己的尾巴，我们看着好玩儿，而小狗也追寻过去地回头跟着那短尾巴橛乱转，就风趣减少了。”

“她的平淡，更使鸿渐疑惧，觉得这是爱情超热烈的安稳，仿佛飓风后的海洋波平浪静，而底下随时潜伏着汹涌翻腾的力量。”

“许多人谈婚姻，语气仿佛是同性恋爱，不是看中女孩子本人，是羡慕她的老子或她的哥哥。”

“鸿渐生平最恨小城市的摩登姑娘，落伍的时髦，乡气的都市化，活像那第一套中国裁缝仿制的西装，把做样子的外国人旧衣服两方补丁，也照式在衣袖和裤子上做了。”

“没进门就听见公寓里好像正在开无线电，播送风行一时的《春之恋歌》，空气给那位万众倾倒的国产女明星的尖声撕割得七零八落——那女明星的娇声尖锐里含着浑浊，一大半像鼻子里哼出来的，又腻又黏又软弱无力，与鼻子的主产品鼻涕具有同样品性。”

“汽车夫就破口大骂，此刻骂得更厉害了。骂来骂去，只有一个意思：汽车夫愿意跟汽车的母亲和外祖母发生肉体恋爱。”

“狗为着追水里的肉骨头，丧失了到嘴的肉骨头！跟爱人如愿以偿结了婚，恐怕那时候肉骨头下肚，倒要对水怅惜这不可再见的影子了。”

“那记录的女生涨红脸停笔不写，仿佛听了鸿渐最后的一句，处女的耳朵已经当众丧失了贞操。吕校长在鸿渐背后含有警告意义的咳嗽。方鸿渐那时候宛如隆冬早晨起床的人，好容易用最大努力跳出被窝，只有熬着冷穿衣下床，断无缩回去的道理。”

“做媒人和做母亲是女人的两个基本欲望。”

“开战后第六天日本飞机第一次来投弹……以后飞机接连光顾，大有绝世佳人一顾倾城、再顾倾国的风度。”

“方老先生觉得他爱国而国不爱他，大有青年守节的孀妇不见宠于翁姑的怨仰。”

“（张先生）只生一个女儿，不惜工本地栽培，教会学校里所能传授熏陶的洋本领、洋习气，美容院理发铺所能制造的洋时髦、洋姿态，无不应有尽有。……他以为女孩子到二十岁就老了，过二十还没嫁掉，只能进古物陈列所供人凭吊了。”

“张小姐是十八岁的高大女孩子，着色鲜明，穿衣紧俏，身材将来准会跟她老太爷那洋行的资本一样雄厚。”

“张太太上海话比丈夫讲得好，可是时时流露本乡土音，仿佛罩褂太小，遮不了里面的袍子。”

“那年春天，气候特别好。这春气鼓动得人心像婴孩出齿时的牙龈肉，受到一种生机透芽的痛痒。上海是个暴发都市，没有山水花柳作为春的安顿处。公园和住宅花园里的草木，好比动物园里铁笼子关住的野兽，拘束、孤独，不够春光尽情地发泄。春来了只向人的身心里寄寓，添了疾病和传染，添了奸情和酗酒打架的案件，添了孕妇。最后一桩倒不失为好现象，战时人口正该补充。”

“自己答应过去看她，何妨去一次呢？明知也许从此多事，可是生活实在太无聊，现成的女朋友太缺乏了！好比睡不着的人，顾不得安眠药片的害处，先要图眼前的舒服。”

“（苏小姐）冷淡的笑容，像阴寒欲雪天的淡日，拉拉手……鸿渐想去年分别时的拉手，何等亲热；今天握她的手像捏着冷血的鱼翅。……这时候他的心理，仿佛临考抱佛脚的学生睡了一晚，发现自以为温熟的功课，还是生的。”

“唐小姐妩媚端正的圆脸，有两个浅酒窝。天生着一般女人要花钱费时、调脂和粉来仿造的好脸色，新鲜得使人见了忘掉口渴而又觉得嘴馋，仿佛是好水果。她的眼睛并不顶大，可是灵活温柔，反衬得许多女人的大眼睛只像政治家讲的大话，大而无当。古典学者看她说笑时露出的好牙齿，会诧异为什么古今中外诗人，都甘心变成女人头插的钗、腰束的带、身体睡的席，甚至脚下践踏的鞋袜，可是从没有想到化作她的牙刷。她头发没烫，眉毛没镊，口红也没擦，似乎安心遵守天生的限止，不要弥补造化的缺陷。”

“方鸿渐看唐小姐不笑的时候，脸上还依恋着笑意，像音乐停止后袅袅空中的余音。许多女人会笑得这样甜，但她们的笑容只是面部肌肉做柔软操，仿佛有教练在喊口令：‘一！’忽然满脸堆笑，‘二！’忽然笑不知去向，只余个空脸，像电影开映前的布幕。”

“她跟赵辛楣的长期认识并不会日积月累地成为恋爱，好比冬季每天的气候，你没法把今天的温度加在昨天的上面，好等明天积成个和暖的春日。”

“那女孩子不过十六七岁，脸化妆得就像搓油摘粉调胭脂捏出来的假面具。鸿渐想上海不愧是文明先进之区，中学女孩子已经把门面油漆粉刷，招徕男人了。可是这女孩子的脸假得老实，因为绝没人相信贴在她脸上的那张脂粉薄饼会是她的本来面目。”

“沈太太眼睛下两个黑袋，像圆壳行军热水瓶，想是储蓄着多情的热泪，嘴唇涂的浓胭脂给唾沫带进了嘴，把黯黄崎岖的牙齿染道红痕，血淋淋的像侦探小说里谋杀案的线索。”

“他的快乐从睡梦里冒出来，使他醒了四五次，每醒来就像唐晓芙的脸在自己眼前，声音在自己耳朵里。……最后醒来，是个嫩阴天。他想这请客日子拣得不安全，恨不能用吸墨水纸压干了天空淡淡的水云。”

“他这两天有了意中人以后，对自己外表上的缺点，知道得不宽假地详尽，仿佛只有一套出客衣服的穷人知道上面每一个斑渍和补丁。”

“女佣说着，她和周太太、效成三人眼睛里来往的消息，忙碌得能在空气里起春水的縠纹。”

“楼梯上一阵女人的笑声，一片片脆得像养花的玻璃房子塌了。”

“女人全是傻的，恰好是男人所希望的那样傻，不多不少。”

“说女人有才学，就仿佛赞美一朵花，说它在天平上称起来有白菜番薯的斤两。真聪明的女人绝不用功要做成才女，她只巧妙地偷懒。”

“女人原是天生的政治动物。虚虚实实，以退为进，这些政治手腕，女人生下来全有。女人学政治，那真是以后天发展先天，锦上添花了。……女人不必学政治，而现在的政治家要成功，都得学女人。”

“当着心爱的男人，每个女人都有返老还童的绝技。”

“想来一切女人最可夸耀的时候，就是看两个男人为她争斗。”

“男人肯买糖、衣料、化妆品,送给女人,而对于书只肯借给她,不买了送她,女人也不要他送。这是什么道理?借了要还的,一借一还,一本书可以做两次接触的借口,而且不着痕迹。这是男女恋爱的必然的初步,一借书,问题就大了。”

“一个可爱的女人说你像她的未婚夫,等于表示假使她没订婚,你有资格得到她的爱。刻薄鬼也许要这样解释,她已经另有未婚夫了,你可以享受她未婚夫的权利而不必履行跟她结婚的义务。”

“从此,他俩的交情像热带植物那样飞快地生长。”

“有人失恋了,会把他们的伤心立刻像叫花子的烂腿,血淋淋地公开展览,博人怜悯,或者时过境迁,像战士的金疮旧斑,脱衣指示,使人惊佩。”

“女人在恋爱胜利快乐的时候,全想不到‘结婚’那些事的,要有了疑惧,才会要求男人赶快订婚结婚,爱情好有保障。”

“热烈的爱情到订婚早已是顶点,婚一结一切了结。”

“丈夫是女人的职业,没有丈夫就等于失业,所以该牢牢捧住这个饭碗。”

“女人念了几句书最难驾驭,男人非比她高一层,绝不能和她平等匹配,所以大学毕业生只能娶中学女生,留学生才能娶大学女生,女人留洋当了博士,只有洋人才敢娶她,否则男人至少是双料博士。”

“同行最不宜结婚,因为彼此是行家,谁也哄不倒谁,丈夫不会莫测高深地崇拜太太,太太抬头也不会盲目地崇拜丈夫,婚姻的基础就不牢固。”

“在西洋家庭里,丈母娘跟女婿的争斗,是至今保存的古风,我们中国家庭里婆婆和媳妇的敌视,也不输于他们那样悠久的历史。”

“我们对采摘不到的葡萄，不但可以想象它酸，也很可能想象它是分外的甜。”

“天下只有两种人。比如一串葡萄到手，一种人挑好的吃，另一种人把最好的留到最后吃。照例第一种人应该乐观，因为他每吃一颗都是吃剩的葡萄里最好的；第二种人应该悲观，因为他每吃一颗都是吃剩的葡萄里最坏的。不过事实却适得其反，缘故是第二种人还有希望，第一种人只有回忆。”

“老年人恋爱，就像老房子着火，没的救。”

“科学跟科学家大不相同，科学家像酒，越老越可贵，科学像女人，老了便不值钱。”

“假使订婚戒指是落入圈套的象征，纽扣也是扣住不放的预兆。自己得留点儿神！”

在钱钟书的短篇小说《猫》中，关于女人和情感的妙论也很多：

“她虽然常开口，可是并不多话，一点头，一笑，插进一两句，回头又和另一个人讲话。她并不是卖弄才情的女人，只爱操纵这许多朋友，好像变戏法的人，有本领或抛或接，两手同时分顾到七八个在空中的碟子。”

“她眼睫跟眼睛合作的各种姿态，开，闭，明，暗，尖利，朦胧，使建侯看得出神，疑心她两眼里躲着两位专家在科学管理，要不然转移不会那样斩截，表情不会那样准确，效果不会那样的估计精密。”

“最能得男人爱的并不是美人。我们该防备的倒是相貌平常、姿色中等的女人。见了有名的美人，我们只能仰慕她，不敢爱她。我们这种未老已丑的臭男人自惭形秽，知道没希望，绝不做癞蛤蟆吃天鹅肉的梦。她的美貌增进她跟我们心理上的距离，仿佛是危险记号，使我们胆怯、懦怯，不敢接近。要是我们爱她，我们好比敢死冒险的勇士，抱有明知故犯的心思。反过来，我们碰见普通女人，至多觉得她长得还不讨厌，来往的时候全不放在眼里。吓！忽然一天发现自己糊里糊涂地，不知什么时候让她在我们心里做了小窝。这真叫恋爱得不明不白，恋爱得冤枉。美人像敌人的正规军队，你知道戒备，即使打败了，也有个交代。平常女子像这次西班牙内战里弗郎哥的‘第五纵队’，做间谍工作，把你颠倒了，你还在梦里。像咱们家里的太太，或咱们爱过的其他女人，一个都说不上美，可是我们当初追求的时候，也曾为她们睡不着，吃不下。”

“恋爱里的确有‘心理距离’，所以西洋的爱神专射冷箭。射箭当然需要适当的距离，红心太逼近了箭射不出，太远隔了箭射不到；地位悬殊的人固然不易相爱，而血统关系太亲密的人也不易相爱。”

“假如她不喜欢自己，好！自己也不在乎，去！去！去她的！把她冷落在心窝外面。可是事情做完，睡觉醒来，发现她并没有出去，依然盘踞在心里，第一个念头就牵涉到她。他一会儿高兴如登天，一会儿沮丧像堕地，荡着单相思的秋千。”

“一切调情、偷情，在本人无不自以为缠绵浪漫、大胆风流，而到局外人嘴里不过又是一个暧昧、滑稽的话柄，只照例博得狎亵的一笑。”

在钱钟书的其他作品中，也有关于女人和情感的不少经典之言，如：

“世界上没有自认为一无可爱的女人,也没有自认为百不如人的男子。”(见散文《读〈伊索寓言〉》)

“天地间有许多景象是要闭了眼才看得见的,譬如梦。”(见散文《窗》)

钱钟书之所以能如此参透人生,除了他惊人的渊博知识外,还在于他可爱的“痴气”。杨绛回忆说,钱钟书曾一度喜欢玩一种游戏,叫“石屋里的和尚”:一个人盘腿席地在帐子里,放下帐门,披着一条被单,自言自语。这似乎没什么好玩,但钱钟书却能自得其乐,“玩”得很开心。在清华念书时,同学许振德上课时老是注意一女同学,钱钟书就在笔记本上画了一系列的《许眼变化图》,多年后许振德从美国回来,想起往事还忍不住大笑。

钱钟书爱看侦探小说,爱看儿童动画片,爱看电视连续剧《西游记》。他看《西游记》,边学边比划,一会儿是“猴哥救我”,一会儿是“老孙来也”,手舞足蹈,快乐非常。看完后不过瘾,边左挑毛病右挑刺,写下几篇短评,模仿小学生字体寄往上海《新民晚报》,编辑接信大奇:“这小孩怎么连个地址都没写?稿费寄给谁?”一看文章,真好!又是热点话题。“发了!”他笔下的种种奇思妙句,对世道人心的深刻描画,恐怕都和他的“痴气”是分不开的。

史上最雷人的经典啰嗦诗

啰嗦诗是杂体诗的一种，又名重复诗。它是有意堆叠同义词，故意重复，造出一种甚有诗味的意境，表达一种幽默效果。诗歌固然要求语言凝练，但重复啰嗦以至成诗，也自有其趣。

据冯梦龙的《古今谭概》一书记载，北宋雍熙年间，有位自称“诗伯”的人曾写过一首题为《宿山房即事》的诗：

一个孤僧独自归，关门闭户掩柴扉。
半夜三更子时分，杜鹃谢豹啼子规。

此诗乍读，文字流畅，音韵和谐，很是有几分“诗味”。可仔细一读，便发现诗中废话连篇：诗中的“一个”、“孤”、“独自”都是指一个人，“关门”、“闭户”、“掩柴扉” 指同一个动作，“半夜”、“三更”、“子时” 指同一个时间，“杜鹃”、“谢豹”、“子规”指同一种鸟，其俗名是布谷鸟，布谷鸟的知名度很高，尤其在我国，地无分南北，人无分老幼，很多人都知道它。“布谷”是鸣声的谐音，对其叫声，农民译为“布谷布谷、快快播谷”，旅者译作“归去归去、不如归去”，庶民翻成“阿公阿婆、家家好过”，母亲把它当作哄孩子之声：“不哭不哭、不哭不哭”,单身汉则说是替他们诉苦:“光棍真苦、光棍真苦。”

全诗四句二十八字所表达的意思其实仅用十二个字就可以表达清楚:“孤僧归,掩柴扉。半夜时,杜鹃啼。”但仔细琢磨,这种重复“啰嗦”有着一种绝妙的表达效果:它把这个和尚内心的孤独感刻画得惟妙惟肖,淋漓尽致。

与之异曲同工的是,《古今谭概》里啰嗦诗的另一杰作是《咏老儒》:

秀才学伯是生员,好睡贪鼾只爱眠。
浅陋荒疏无学术,龙钟衰朽驻高年。

这首诗就格律而言是无可挑剔的。但和第一首一样,作者使同一事物、同一意思,反复地出现在同一诗句中:“秀才”、“学伯”、“生员”皆是同一概念,“好睡”、“贪鼾”、“爱眠”意思也一样,“浅陋”、“荒疏”、“无学问”都是说学问浅薄,“龙钟”、“衰朽”、“驻高年”都是说年纪很大。这首诗的内容意思不外是:“秀才只爱眠,荒疏驻高年。”正是通过这种高度“重复啰嗦”的叠加,把一个腐朽的老儒形象刻画出来了。

更奇的是,还有只描述一个事物的啰嗦诗,本一个字就能说清楚,硬是能写成很押韵的七言绝句。在此举两例:

其一
水宫仙子玉环滑,蓬籽幻成君子花。
湖目蓬瓢浮玉蛹,凌波仙子奏莲笳。

我们知道,“莲子”除了叫“湖目”、“玉蛹”外,还称“蓬籽”、“蓬蓬瓢”;“荷花”也叫“君子花”、“凌波仙子”、“水宫仙子”、“玉环”、“水灵芝”等;“莲藕”则有“玉玲珑”、“玉臂龙”等别名。这首诗完全用莲子（荷花）的别称罗列而成，诗反反复复说的就是同一事物：莲。

其二
墨水郡王升大厅，中书君诏宣毛颖。
管城侯贬管城子，都尉藏锋毫发凝。

墨水郡王、中书君、毛颖、管城侯、管城子、藏锋都尉、毫，都是毛笔的别称。这首诗四句说的都是同一事物：毛笔。

妙就妙在这首诗还颇有故事情节，读来引人入胜。诗面写的是墨水郡王叫中书宣来了毛颖，一起处理管城侯，于是管城侯被贬为管城子（由二等爵位降为四等子爵），都尉们都吓得不敢锋芒毕露了。

这些同义词“叠床架屋”的啰嗦诗从某种意义上讲，这些诗也是极具特色的，别有情趣在其中。

妙趣横生的“十七字诗”

“十七字诗”又称“吊脚诗”、“翘脚诗”，全诗四句，前三句均为五字，末句为两字，共十七字。从内容上看，十七字诗是亦庄亦谐的结合，前三句多是庄重的内容，后一句多是诙谐风趣的调侃；从形式上看，它是整齐与错落的统一，前三句每句三顿，合辙押韵、通俗流畅，后一句跌落而为一顿，在节奏的起伏中增加了语言的音乐美。

十七字诗不仅保持了一般诗歌的概括性、抒情性和音乐性，又往往在协调中增加不协调的成分，增加了趣味性、通俗性，构思巧妙，尤其是最后二字，结构突兀，极尽诙谐幽默之能事，颇具“画龙点睛”之妙。所以，十七字诗“虽为小道，亦有可观焉”，为广大劳动人民所喜闻乐见。后来，这种变体诗最终发展成为一种民间曲艺形式，即人们通常所说的“三句半”。后人一般把十七字的“三句半”叫十七字诗，把不是十七字的“三句半”叫瘸腿诗。

从现存资料来看，流传最早的十七字诗是南宋时无名氏作《临安十七字诗》：

驾幸景灵宫，诸生尽鞠躬；乌头身上白，米虫。

《西湖游览志余》记载了这首诗，并交代了写作背景："车驾飨（祭献）景灵宫，太学、武学、宗学诸生，俱在礼部前迎驾。临安府有人作十七诗。盖讥其襆头襕服，岁糜廪禄，不得出身，年年迎驾耳。"其意翻译成现在的话就是，大宋皇帝崇奉道教，常驾临景灵宫祭神，届时都要太学、宗学、武学生员身着制服，立在礼部衙前恭迎。这些生员大多没有真才实学，只会"尽鞠躬"，都是混饭吃的主儿。

最后的一句"米虫"，极为诙谐，十分形象地嘲讽了这些尸位素餐的生员们。

同为讽喻性的十七字诗，还有这么一首上乘之作：元朝末年，张士诚占领江浙后，自封吴王，任胞弟张士信为相。士信与黄敬夫、蔡彦文、叶德新三人狼狈为奸，凌虐百姓。明朝建立后，把他们治成死罪，枭首示众，民众无不拍手称快。有人作了首诗：

张王做事业，专用黄菜叶；一夜西风起，干瘪。

还有一些十七字诗旨在娱人娱己，体现生活情趣。如：某文士一日在朋友家闲聊，忽报友妻生一女孩，全家甚喜，文士为表示庆贺，当即作诗一首。诗道："全家喜洋洋，太太生儿郎。"吟至此，众人大惑不解，以为文士弄错了，把生女错为生男了，大家惊奇而望之，而文士不多辩，继续吟道："掰开两腿看，象娘！"众人大悟，笑之。

十七字诗应对起来，更是别有风味。据明冯梦龙《广笑府》记载：潘生赴京应举，途中入住一酒店。酒店女主人姓陆，作了一首十七字诗赠送潘生：

秀才本姓潘，应选赴长安；一举登高第，做官。

儒生听后，亦作十七字诗一首答道：

佳人本姓陆，美质无瑕玉；念我客窗寒，同宿。

一老人听后，恐此二人苟合有悖纲常与律法，于是也以一首十七字诗好心劝免：

潘郎与陆嫂，无事寻烦恼；若还到官府，不好。

历史上的十七字诗在坊间十分盛行，曾出现过许多好作品，可惜流传下来的不多。这种风趣幽默的诗体，非常受民间欢迎，极大地娱乐了当时处在社会基层的老百姓，使他们在辛苦劳作之余能得以轻松。刘继兴认为，史上最精彩的一组十七字诗，产生在明朝正德年间，现录之以飨各位看官：

明正德年间（1506—1521），有一人好作十七字诗，且才思敏捷，触目成咏。时徽郡天大旱，太守不思兴修水利，却率人下跪祈雨，连求几天，仍是晴空万里。这个人便作十七字诗嘲之：

太守求雨泽，万民多感德；昨夜推窗看，见月。

太守得知后大怒，马上派人把他捕至衙门，说："听说你善作十七字诗，好！我现在就罚你以我的别号'西坡'当堂题写一首十七字诗，若写得好，就放你回家。否则，要用大刑。"话音未落，其人已出口咏道：

昔人有东坡，今人有西坡；若将二人较，差多！

太守听后，勃然大怒，将其重责十八大板。没想到，板子还未打完，其人又诗兴大发，吟诗一首：

作诗十七字，被责一十八；若上万言书，打杀。

太守听后，真是哭笑不得，最终以诽谤、侮辱朝廷命官罪将其发配郧阳充军。其人的舅父闻讯赶来给其送行。甥舅相见，抱头痛哭。其人触景生情，又作诗一首：

发配到郧阳，见舅如见娘；两人齐下泪，三行！

原来这个人的舅舅一目失明。

来到发配之地，郧阳县令听说他是个作诗奇才，想见识见识，令他吟诗一首。这时县令的太太刚好从后堂走过，这个人见县太爷妇人虽然颇有几分姿色，但却是一双大脚，便即兴吟道：

环佩响叮当，夫人下画堂；金莲三寸小，横量。

县太爷听后，哭笑不得，心中恼怒，但又不好发作。

明人冯梦龙撰《古今谭概》、郎瑛撰《七修类稿》和清人褚人获撰《坚瓠集》、独逸窝退士撰《笑笑录》等笔记小说中都记载了这一则十七字诗故事，其情节、文字大同小异。

苍茫云海间——历史人物

诸葛亮自叹不如的三国牛人是谁？

雄才大略的诸葛亮在三国的江湖中笑傲群英，能入他法眼的人才委实不多。然而，有一个非常厉害的奇才，诸葛亮对之非常看重，不仅费尽周折将其网罗至刘备麾下，而且由衷地公开称赞说这个人比自己强：“运筹策于帷幄之中，吾不如子初远矣。”（见《三国志·蜀书·刘巴传》裴松之注）

诸葛亮所赞的这位“子初”，就是刘巴。刘备也曾赞之曰：“子初才智绝人，如孤，可任用之，非孤者难独任也。”厚脸皮刘备在夸刘巴时没忘了把自己也顺带着夸了一下，意思是说，子初这个人才智绝人，只有像我这样的英雄才能用之，我之外的其他人想驾驭他可就难了。

刘巴，字子初，荆州零陵人。出身官宦世家，其祖父刘曜，曾任苍梧太守。父刘祥，曾任江夏太守、荡寇将军。刘巴少时就早慧聪颖，很有才干，却养成了恃才傲物的个性。虽然同姓刘，但他一直瞧不起刘备“织席贩履”之出身，因此从骨子里藐视刘备。

刘巴十八岁时，在荆州担任郡署户曹吏主记主簿。当时刘备正好来荆州投奔刘表。博学多才的刘巴当时已经很有名气，刘备叫自己的外甥周不疑去向他求学，刘巴拼命推辞掉了，说：

“我那点学问真算不了什么，你让你外甥拜我为师，就好比摧毁了鸾凤之艳丽，一头扎进燕雀的小天地，这怎能让他变得更聪明呢？”搞得刘备灰头土脸的很没面子。

在决定三国鼎立命运的赤壁之战前夕，刘备与曹操大战于长坂坡，结果刘备被曹操打得落花流水，宅心仁厚的刘备带领广大老百姓开始逃难，荆州有头有脸的士族们也都跟着刘备走，加入了逃难的大军，只有刘巴一个人往北上，去找曹操。可见他确实反感刘备，宁从“明为汉相、实为汉贼”的曹操，也不愿意跟着打着皇室后裔金字招牌的刘备。

曹操对名士刘巴前来投奔自然是喜出望外，任命他做掾（助理），后来曹操派他去招抚长沙、零陵等地，对其非常重用。想不到，刘巴的运气真的很糟，赤壁之战中曹操惨败，刘备夺得长沙、零陵等郡。

刘备入主零陵后，听说刘巴也在这里，爱才之心又油然而生。求贤若渴的刘备不计前嫌地去拜访刘巴，才发现刘巴逃走了，而且逃得很远，逃到交趾（今天的越南）。

原来，由于招抚长沙、零陵等地的图谋失败了，刘巴无法回去向曹操交差，只能一逃了之。在其出逃之前，诸葛亮曾情真意切地写信劝他归顺刘备，刘巴却回复：“受命而来，不成当还，此其宜也。足下何言邪！”毫不犹豫地拒绝了，使“先主深以为恨”。

刘巴逃到越南还不够，怕刘备通过渠道找到他，刘巴还改姓为张。《零陵先贤传》记载：“巴入交趾，更姓为张。与交趾太守士燮计议不合，乃由牂牁道去。为益州郡所拘留，太守欲杀之。主簿曰：‘此非常人，不可杀也。’主簿请自送至州，见益州牧刘璋，璋父焉昔为巴父祥所举孝廉，见巴惊喜，每大事辄以咨访。”

刘璋本来是亲曹派，派张松去对曹操表明态度。不料因为张松其貌不扬，曹操对他冷冷淡淡，憋了一肚子气回来的张松便劝刘璋和刘备合起来对付曹操。刘璋没什么主见，也就同意了。

入幕刘璋的刘巴给了刘璋一个很有战略眼光的建议：不要接纳刘备。“巴谏曰：‘备，雄人也，入必为害，不可内也。’既入，巴复谏曰：‘若使备讨张鲁，是放虎于山林也。’璋不听。巴闭门称疾。”（见《零陵先贤传》）

在政治上极为幼稚的刘璋没听刘巴的逆耳忠言，张松暗通刘备的事情败露后，刘璋才明白刘巴当初的意见是正确的。但此时大势已去，益州果然很快被刘备收入囊中。刘备围攻益州时，曾号令三军：“谁敢加害刘巴，就灭他三族。”后来，士兵们拿住了无法逃身的刘巴，刘备大喜。

刘备再次盛情相邀，诸葛亮也写信对刘巴苦言相劝，走投无路的刘巴只好谢罪归附，被刘备任命为左将军西曹掾（刘备此时的主要官职是左将军，西曹掾主管府内官吏的任用）。诸葛亮对此也十分高兴，因为自从刘巴上任以后，诸葛亮的工作负担减轻了很多。刘备称汉中王后，以刘巴为尚书；法正去世后，又将刘巴晋升为尚书令，负责处理日常政务。

由于刘巴总是不搭理张飞，张飞为此很愤懑，两人关系一直很紧张，诸葛亮曾劝刘巴对这位皇弟客气些，但刘巴也不买账。很重桃园结义之情的刘备对刘巴的这一点很反感，他对诸葛亮说：“刘巴这个人才智超人，如果无人替代，那么就用他，如果有人替代，那么就不必用他了。”

诸葛亮回答：“运筹策于帷幄之中，吾不如子初远矣。”（见《三国志·蜀书·刘巴传》裴松之注）刘备闻毕才打消了放弃刘巴的念头。

关于刘巴冷落张飞这件事，东吴智囊之首张昭也站在刘备一边，认为刘巴这个人太过分。但吴侯孙权却另有一番自己的看法，他说：“如果让刘巴随波逐流，取悦于刘备，他又怎能称得上是高士呢？”

刘巴为人节俭，不愿与人交往，只重公事。刘备登基时，所有文诰策命都出自刘巴之笔。刘继兴考证，其时有诸葛亮、法正、刘巴、李严、伊籍“共造蜀科”之说：“蜀科之制，由此五人所制。”可见刘巴的能耐确实很大。

刘巴最牛的贡献是在归附刘备后不久。史载，在刘备攻取益州之后，国库空空，刘备十分忧心。刘巴说：“小事一桩，三个动作搞定：一、铸值百钱的铜板通行；二、统一全国物；三、实行公卖制度。”（巴曰：“易耳，但当铸直百钱，平诸物贾，令吏为官市。”）刘备从之，数月之间，府库充实。

刘备称帝的第二年，即章武二年（222），刘巴病逝，时年只有三十九岁，可谓天妒英才，壮岁早逝。

唯一被谥为“大皇帝”的帝王是谁？

三国时期的三大杰出政治家中，孙权有好几个“之最”：他寿命最长，活了71岁；主政时间最长，执掌东吴政权长达52年之久；去世最晚，死于252年，谥大皇帝，庙号太祖，是中国古代史上三百多位帝王中死后唯一被谥为“大皇帝”者，被誉为“千古大帝唯一人”。

孙权承继父兄之业，年未弱冠而坐拥江南。其间孙权善度大局，策略灵活。或降操，或联刘，一切皆随时局而变，孙权深谙列国竞争之妙，终成一方霸业。故而历史学家陈寿曾经这样评价孙权：“任才尚计，有勾践之奇，英人之杰矣！”

他善谋大局，是个很有作为的军事战略家；他善于用人，文武大臣愿为其用，甘为其死，豪俊之士均愿与之共成大业；他善于用威，专断大政，在政治、军事思想、用人、拓疆土、开发经济等诸多方面都很有作为。致使竞争对手曹操也不无感慨地赞扬他。213年正月，曹操再次亲率大军南侵，据《三国志》记载：“望权军，叹其齐肃，乃退，谓‘生子当如孙仲谋’”。另一敌对方的诸葛亮在《隆中对》也不得不夸孙权善于用人：“孙权据有江东，已历三世，国险而民附，贤能为之用。”

孙权领导下的孙吴政权之所以能够雄踞江东，与魏、蜀鼎足而立，固然有其“地利”，即北控大江、西扼三峡之险，然而更重要的是凭借“人和”，即孙氏父子在开创吴国基业时表现出的善于笼络人才、使用人才，内部团结一致，从而“跨制荆吴，而与天下争衡”。举贤任能是孙氏父子割据称雄的一个重要原因，这一点在孙权身上表现得尤为突出。知弟莫如兄，孙策在临终时对孙权说：“决机于两阵之间，与天下争衡，卿不如我；举贤任能，各尽其心，以保江东，我不如卿。”（《三国志·吴书·孙破虏讨逆传》）

《三国志》中记载了大臣对孙权的评价：“提鲁肃于凡品，是其聪也；拔吕蒙于行陈，是其明也；获于禁而不害，是其仁也；取荆州而兵不血刃，是其智也；据三州虎视于天下，是其雄也；屈身于陛下，是其略也。”

孙权也深深地认识到，为确保江东，需要各方面人才的通力合作，“天下无粹白之狐，而有粹白之裘，众之所积也。……故能用众力，则无敌于天下矣；能用众智，则无畏于圣人矣”。（《三国志·吴书·吴主传》）

善于用人是孙权的制胜武器。孙权用人不拘一格，不分亲疏，且能用人不疑。吕蒙原是一名小校，有次孙权阅兵，看到吕蒙为数不多的军卒步伐整齐、精神振奋，便破格提拔吕蒙。后来吕蒙英勇善战，曾打败关羽，夺取荆州。221年，当刘备举倾国之兵进攻东吴时，孙权派诸葛瑾前去说和。张昭认为诸葛瑾必将一去不返，孙权却说：“孤与子瑜可谓神交，孤不负子瑜，子瑜必不负孤。”果然，诸葛瑾公私分明，不久便回吴复命。而陆逊本是一介书生，未有战功。在孙刘大军开战后，经吕蒙推荐，孙权对陆逊赋予大权，大胆提拔。陆逊不负所托，在彝陵之战中，大败刘备。正是孙权的知人善任，破格用人，才使得孙吴政权一直是人才济济，没有出现蜀汉后期人才青黄不接的尴尬局面。

史书记载：“孙权善抚将士，能得臣下死力，将士都愿以身事主。”孙权不仅会用人，而且还善容人，有“忘其短而贵其才”的雅量，全面评价下属，调和他们之间的关系，发挥他们的长处。吕范性好威仪，其居处服饰奢侈，有人举奏他“服饰僭拟王者”，然而孙权深知吕范为人忠诚，多立战功，“不怪其奢”；甘宁粗暴好杀，但甘宁“开爽有计略，轻财敬士，能厚养健儿，健儿亦乐为用命”，孙权不计较甘宁的缺点，对甘宁格外厚待。甘宁深受感动，作战更加勇敢；凌统性情暴躁，曾过失伤人，因屡建战功，一直被任为亲信大将。凌统死后，孙权将其二子收养宫中，“爱待与诸子同”；周泰出身寒门，其部下朱然、徐盛等老将心不服。孙权在宴请诸将时让周泰脱下上衣，露出每次作战留下的伤痕，并把着周泰的手臂流涕说：“卿为孤兄弟，战如熊虎，不惜躯命，被创数十，肤如刻画，孤亦何心不待卿以骨肉之恩，委卿以兵马之重乎！”随后又让周泰带着兵马作前导。于是徐盛等称服；大司马朱然病重，孙权白天减食，晚上不睡觉，派人送医药食物，相望于道。朱然病死，孙权哭得特别伤心；吕蒙患病，孙权将其安置在内殿就近治疗，不惜重金悬赏以求名医名药。其间孙权常来探视，又恐吕蒙伤神劳累，就在墙壁上穿一小洞，随时看望。

孙权不仅亲贤爱士，更善于采纳下属的劝谏，向臣下认错，反躬自责。虞翻数次犯颜谏争，孙权很不高兴。在一次酒宴上，虞翻喝酒装醉，孙权大怒，拔剑要杀虞翻。大农令刘基谏说：“大王酒后杀人，不能容贤合众，令天下人失望，万万不可。”孙权不仅认错，而且下令：“自今酒后言杀，皆不得杀”；魏国辽东太守公孙渊向孙权称臣，孙权决定派张弥、许晏率兵万人及金宝珍货出使。张昭及朝中大臣认为公孙渊不可靠，坚决劝阻。孙权不听，张昭一怒之下称病不起。后来，公孙渊果然杀死使臣，没其军资。孙权登门向张昭认错，“深自克责”，张昭不得已，才又参加朝会；陆逊为孙权废太子事再三上疏抗争，孙权多次派人指责陆逊,致使陆逊忧愤而死。数年后,孙权对其子陆抗说:"我先前听信谗言,对你父亲的忠信产生怀疑,很对不起你们父子。"

更难能可贵的是,孙权高度信任自己选定的统帅,绝少亲赴前线带兵打仗,而是交给属下去完成使命。这当中突出的有周瑜指挥的赤壁之役,吕蒙指挥的荆州之役和陆逊指挥的彝陵之役。刘继兴认为,这三大战役都是决定东吴命运的大战,可孙权却完全放心属下在前线御敌作战。

孙权本是极有雄心壮志之人,但更能韬光养晦。起初鲁肃曾建议孙权在江东称帝,但孙权拒之未应。当时曹操拥有百万之众,挟天子以令诸侯,刘备处于汉帝皇叔尊位,打着复兴汉室的旗号,因而曹、刘在政治上都具有优势。孙权自知不及,不愿过早暴露自己的政治意图。直至229年,曹、刘死后,东吴的政局比较稳定,孙权认为条件具备,才称帝登基。

229年称帝后,孙权下令修筑蓄水水利工程,开凿破岗渎运河,以解决灌溉和运输问题,发展江南的水利事业。设置农官,实行屯田,平定山越,设置郡县,促进了江南经济的发展。同时孙权也很重视海外贸易,他曾多次派人出海。230年,他派卫温等航行到达夷州(今我国台湾岛),242年又派聂友等航行到海南岛。当时的东吴船队还去过许多国家,东至朝鲜,南至今天的菲律宾、越南、柬埔寨等地,西至印度、阿拉伯等,极大地促进了中外的交流联系。

很不幸,雄才大略的孙权晚节不保,史称晚年的孙权"年老志衰,谗臣在侧,废嫡立庶,以妾为妻,可谓多凉德矣"。"多嫌忌,果于杀戮"。使本已凸显的内部矛盾更加复杂化,其身后的吴国最终沦落为党争剧烈、暴政盛行的黑暗王朝,最终也没能避免灭亡的命运。

古代五大丑女所嫁皆名流

古代有四大美女西施、貂蝉、杨贵妃、王昭君,人所共知。古代也有著名的五大丑女:嫫母、钟离春、孟光、黄月英、阮氏,她们虽貌丑却极具贤德,颇有辅佐之功,其夫君皆为历史上卓有建树的知名人士。

一是三皇五帝时期的嫫母。嫫母长相难看莫名,丑陋无比。汉王子渊《四子讲德论》中云:“嫫母倭傀,善誉者不能掩其丑。”但其德行却为当时女人楷模,智慧也非同寻常。黄帝娶之为妻,嫫母果然不负黄帝的厚爱,对妇女们实施德化教育。相传,人类使用第一面镜子就是嫫母的发明制作。在黄帝周游巡视天下时,黄帝的元妃“嫘祖”病逝,黄帝命令嫫母指挥祀事,监护灵柩,嫫母表现出了非凡的组织能力。因嫫母内助,黄帝败炎帝,杀蚩尤,一统华夏。

二是战国时的钟离春。人们常用“貌似无盐”来形容丑女,这“无盐”指的是战国时代齐国无盐县(今山东东平县东部)的丑女钟离春,又名钟无艳、钟无盐。书上说她“四十未嫁”,“极丑无双”,“凹头深目,长肚大节,昂鼻结喉,肥顶少发”,而且“皮肤烤漆”。但其志远大,饱读诗书,有治国的抱负。

当时执政的齐宣王政治腐败,纲纪不振,全国上下人心惶惶，怨声载道。钟离春为了拯救国家，冒着杀头的危险，来到都城临淄，见到了齐宣王。只见那丑女举目、张口、挥手，然后指着膝盖高喊：“危险啊！危险啊！”

齐宣王被她弄得稀里糊涂，要丑女说个明白。那丑女上前施礼，说道：“我这举目，是替大王观察风云的变化；张口，是惩罚大王那双不听劝谏的耳朵；挥手，是替大王赶走阿谀之徒；拍腿，是要拆除大王这专供游乐的雪宫。民女不才，但我也听说‘君有诤臣，不亡其国，父有诤子，不亡其家。’而今大王沉湎于酒色，不纳忠言，这是我张口为大王接受规劝的意思；敌人就要大兵压境了，您还被一群吹牛拍马之徒包围着，这是要误国的，因此我挥手将他们驱逐掉；大王耗费大量财力、物力、人力造成如此豪华的宫殿，弄得国库空虚，民不聊生，今后怎能迎战秦兵呢？我这才手拍大腿让大王拆除这座亡国的雪宫，说实话，大王确实犯了这四大错误。在这国家危如累卵的时候，我冒着杀头的危险来劝告大王，如能采纳我的意见，民女就是死也无憾了！”

丑女钟离春这一番振聋发聩的剖析，使齐宣王如梦初醒，大为感动，说：“如果你不及时来到这里提醒我，我哪会知道自己的过错啊！”齐宣王把钟离春看成是自己的一面宝镜。为了表明自己痛改前非，他让钟离春做了皇后。元人还将钟离春的故事编成杂剧，传唱她以天下为己任的精神。

三是东汉时期的孟光。人们常用“举案齐眉”来称赞夫妻之间的平等和睦与敬爱，这个成语讲的就是东汉贤士梁鸿的妻子孟光的故事，出自《后汉书·梁鸿传》：“为人赁舂，每归，妻为具食，不敢于鸿前仰视，举案齐眉。”由此还引出另一个成语便是“相敬如宾”。孟光“粗陋无比”，“肥丑而黑”，能“力举石臼”。她品行极好，深得当时大名士、美男子梁鸿看重，并娶为妻。梁鸿落魄，每次劳作回来，孟都把食物恭恭敬敬举至眉平，留下了举案齐眉的千古美谈。

四是三国时的黄月英。黄月英，三国时荆州沔南白水（今湖北襄樊）人，沔阳名士黄承彦之女，诸葛亮之妻，诸葛瞻之母。本名于史无载，“月英”是她在民间传说中的名字。黄承彦以黄月英有才，向诸葛亮推荐，请求配婚，诸葛亮答应后遂与黄月英结为夫妻。黄月英黄头发黑皮肤，身形猥琐，面目丑陋，但知识广博。诸葛亮六出祁山，威震中原，发明了一种新的运输工具，叫“木牛流马”，解决了几十万大军的粮草运输问题；又发明“连弩”这种新式武器，克敌制胜，魏国大将张颌就死在这种武器之下，实际上这些都是他丑媳妇教的。据范成大《桂海虞衡志》记载：“汝南人相传，诸葛亮居隆中时，友人毕至，有喜食米者，有喜食面者。顷之，饭、面俱备，客怪其速，潜往厨间窥之，见数木人椿米，一木驴运磨如飞，孔明遂拜其妻，求传是术，后变其制为木牛流马。”此外，诸葛亮五月渡沪，深入南中，七擒孟获，为避瘴气而发明的“诸葛行军散”、“卧龙丹”也是丑媳妇教给他的。博学多识的黄月英，一心一意相夫教子，勤劳持家，终于成就了诸葛亮“功盖三分国，名成八阵图”的千秋大业。

五是三国时期的阮氏。阮氏是名士阮德尉的女儿。洞房花烛夜时，阮氏的模样吓得新郎——三国时魏臣、名士许允拔腿就跑，阮氏一把拽住他。许允边挣扎边说：“妇有‘四德’（封建礼教要求妇女具备的妇德、妇言、妇容、妇功四种德行），你符合几条？”新妇说：“我所缺的，仅仅是美容。而读书人有‘百行’，您又符合几条呢？”许允说：“我百行俱备。”新妇说：“百行德为首，您好色不好德，怎能说俱备呢？”许允哑口无言。从此夫妻互敬互爱，感情和谐。

许允任吏部郎，所任用的地方官吏比如郡守，都是他的同乡，于是魏明帝派人把他抓起来。武士带走许允的时候，阮氏光着脚追出来，告诉许允："明君可以用道理去说服，不能求情。"许允被抓后，家人号泣，阮氏说："不要紧，他很快就会回来。"然后煮了小米粥等许允回来。等到明帝审问许允用人之事，许允答道："为国选才，一定要了解他们。臣的同乡，是臣了解的人，陛下可以考察他们是否称职，如果不称职，臣愿领罪。"考察的结果，许允任用的同乡都称职，于是魏明帝放了他。

后来许允官至镇北将军，高兴地对妻子说："这下我可以高枕无忧了。"阮氏说："也许祸事正从这里开始，怎么可以说无忧呢？"之前，许允素与夏侯玄、李丰友善。后来司马师怀疑许允密谋以夏侯玄取代自己辅政，就将许允流放去乐浪（今平壤），并在途中杀了许允。

有人得到许允被杀的消息，慌忙跑来告诉阮氏。当时阮氏正在织布，她面色不改地说："早知道会有这么一天了。"门生想把许允的两个儿子藏起来，阮氏说："不关儿子们的事。"于是就带儿子们去墓所旁居住。司马师派钟会前去打探，并告诉钟会："如果许允儿子们的才干赶得上他们父亲，就抓起来。"许允的儿子问母亲怎么办，阮氏说："你们虽然不错，但是才具不足。可以敞开胸怀跟他谈；不要太悲哀，钟会不说话，你们也不要说；不要问太多朝中的事。"儿子们以母亲的教诲接待钟会，钟会如实禀告给司马师，许允的两个儿子终于在乱世中得以活命。

正史中记载的古代唯一女将军

长久以来，在民间流传着许多古代巾帼英雄的故事，如花木兰、平阳公主、樊梨花、杨门女将、梁红玉等等。但这些人要么是民歌或演义中的人物，要么就是其身份并非正式的将军。数千年的中国历史上，正式列入国家编制的女将军，实际上只有被明朝崇祯皇帝诗赞“鸳鸯袖时握兵符”的女将军秦良玉。

《明史·秦良玉传》说：“良玉为人饶胆智，善骑射，兼通词翰，仪度娴雅。而驭下严峻，每行军发令，戎伍肃然。所部号‘白杆兵’，为远近所惮。”秦良玉是历史上唯一一位被《二十五史》载入将相列传的女将军，填补了正史将相列传中长期以来无女性的历史空白。

明神宗万历元年，苗族女子秦良玉出生在四川忠州城西乐天镇郊的鸣玉溪边，父亲秦葵诗书持家，育有三男一女，良玉居于第三，上有哥哥秦邦屏、秦邦翰，下有弟弟秦民屏。父亲教秦良玉诗书字画之余，也不忘苗家传统，从小训练她舞枪弄棒、骑马射箭。

秦良玉少即有“执干戈以卫社稷”之大志，且秉赋超群，文翰得风流，兵剑谙神韵，老父秦葵曾怃然叹息道：“你哥哥和弟弟们都远不及你，可惜孩儿你是女流，否则，日后定能封侯夺冠。”秦良玉气吞山河地答道：“使儿掌兵柄，夫人城，娘子军不足道也。”

秦良玉是一个秀外慧中的女子，因此择偶眼光非常高。当时，忠州纨绔子弟曹皋看上了秦良玉，被秦断然拒绝，后来曹皋加害于她，以秦良玉支持抗税斗争之名将其打入大牢。

出狱后，秦良玉在家中搞了一次比武招亲，曹皋也来应征，自然不是对手。在这次招亲中，秦良玉相中了石柱宣抚使马千乘。马千乘是名门之后，其先祖乃汉朝“马革裹尸”的伏波将军马援。

万历二十年，年满20岁的秦良玉嫁给了马千乘为妻。石柱也属忠州，离秦良玉的娘家不远，是一个苗族人为主的郡县，朝廷设置宣抚使统辖这些归顺了大明的苗人。宣抚使最重要的责任就是训练兵马，维护安定。夫唱妇随，秦良玉一身文韬武略在这里派上了用场，几年时间，她就帮着丈夫训练了一支骁勇善战的“白杆兵”。婚后不久秦良玉生下一子，取名马祥麟。

所谓“白杆兵”，就是以持白杆长矛为主的部队，这种白杆长矛是秦良玉根据当地的地势特点而创制的武器，它用结实的白木做成长杆，上配带刃的钩，下配坚硬的铁环，作战时，钩可砍可拉，环则可作锤击武器，必要时，数十杆长矛钩环相接，便可作为越山攀墙的工具，悬崖峭壁瞬间可攀，非常适宜山地作战。马千乘麾下的数千名白杆兵骁勇异常威震四方，确保了石柱的一方平安。

万历二十六年，播州宣抚使杨应龙勾结当地九个部落揭竿反叛，他们打家劫舍，烧杀抢掠，无恶不作。朝廷获悉后，派遣李化龙总督四川、贵州、湖广各路地方军，合力进剿叛匪，马千乘与秦良玉率领3000名白杆兵也在其中。由于白杆兵特殊的装备和长期严格的山地训练，因此在播州的战争中十分得心应手，经常给予叛军出其不意的打击，每战必胜。

无奈之下，叛军调集所有兵力，固守在播州城里，城外则设下五道关卡，分别是邓坎、桑木、乌江、河渡和娄山关，每道关卡上都有精兵防守，杨应龙欲据此顽抗。

平叛势在必行。攻打邓坎，是由秦良玉带领 500 名白杆兵为主力。邓坎守将杨朝栋见对方兵力单薄，便准备一举吞灭，于是把手下 5000 名精兵全部拉到阵地上，排下密密麻麻的阵式。秦良玉面对十倍于己的敌军毫不畏惧，骑一匹桃花马，握一杆长枪，威风凛凛地杀入敌阵。只见她左挑右砍，东突西冲，所过之处敌军兵士纷纷殒命。敌军潮水般拥向她，把她层层包住，不料她越战越勇，所向披靡，一边砍杀周围的敌兵，一边慢慢向敌将杨朝栋靠拢。将到近前时，她一顿猛杀之后，忽地纵马腾跃，还没待四周的人看清，她已把杨朝栋抓在了自己的马背上，右手挥舞着长矛，左手牢牢制住了敌将。众敌兵见头领被擒，顿时乱了阵脚，秦良玉的白杆兵乘胜追杀，杀得 5000 敌兵死的死，逃的逃，溃不成军。

对秦良玉巾帼不让须眉的英勇行为，大明总督李化龙大为叹异，命人打造一面银牌赠与时年 26 岁的秦良玉，上镌“女中丈夫”四个大字，以示表彰。

攻下邓坎后，剿匪大军趁热打铁，剩勇追寇，接着又顺利地拿下了桑木、乌江、河渡三关，直达播州外围的娄山关。娄山关是播州城外的一道天然屏障，山势高峻险要，仅一条小路通过关口，可谓是“一夫当关，万夫莫开”之地。娄山关由于道路狭窄，无法通过大批兵马，只宜智取，不宜强攻，秦良玉便帮丈夫定下了一个巧取的方案。这天凌晨，秦良玉与丈夫马千乘双骑并驰，沿正路攻向关口，只见两杆长矛上下翻飞，挡关的敌兵一一倒下，而后上的援兵也无法一拥而上。当秦良玉夫妇两人并肩血战、而敌兵越聚越多时，几千白杆军突然从关口两侧包围过来，敌兵猝不及防，纷纷作鸟兽散。攻下娄山关后，叛军失去了护身符,剿匪大军一鼓作气,攻陷了叛军据点播州城,杨应龙全家自焚而死，这场旷日持久的叛乱终于偃旗息鼓灰飞烟灭了。

平叛后论功行赏时,石柱白杆兵战功卓著,被列为川南路第一有功之军,秦良玉初次参加大战,立下汗马功劳,除受到重奖外,“女将军”的英名远播四方,闻之者无不肃然起敬。

万历四十一年,秦良玉丈夫马千乘死于狱中。《明史》记载说,石柱部民状告马千乘,明廷把他逮入云阳狱,不久马千乘病死其中。但他真正的死因,其实是北京万历帝派来的监税太监丘乘云向石柱索取贿赂,马千乘自恃于朝廷有功,不予。这下可羞恼了丘公公,他指使手下捏造罪名,把马千乘逮捕狱中,活活折磨而死,时年仅41岁。

马千乘冤死于狱中后,朝廷仍保留了他家石柱宣抚史的世袭职位。而这时马家的继承人马祥麟年龄尚幼,朝廷鉴于秦良玉作战有功,文武兼长,所以授命她继任了丈夫的官职。

秦良玉化悲痛为力量，毅然接过丈夫遗留下来的千斤重担,来完成丈夫未竟的事业,继续训练白杆兵,管理石柱民众,尽心尽力,尽职尽责。

明神宗万历末年,辽东情势危急,直接威胁着大明之都北京城的安全。朝廷急调全国兵马赴援，秦良玉此时已经46岁了,仍然亲自率领3000名白杆兵,连同自己的哥哥、弟弟、儿子,日夜兼程北上卫边,为国效力。

到了万历四十八年,秦良玉的白杆兵已与后金军队打了几场硬仗,大大挫伤了后金兵的锐气。这时,明神宗驾崩,明光宗继位,光宗在位仅一个月就崩逝,又由明嘉宗登上了皇帝宝座。

前后几个月时间,明廷频繁易主。后金乘虚而进,攻占了沈阳,其气焰十分猖獗,秦良玉的大哥秦邦屏和弟弟秦民屏,为了抢回大明损失的国土,强渡浑河与后金兵激战,无奈因寡不敌众,秦邦屏战死疆场,秦民屏身陷重围。秦良玉闻讯后,亲自率领百名白杆兵,渡河杀入重围,拼死救出了弟弟,抢回了哥哥的尸体。其后,朝廷任命秦良玉为把守山海关的主将。

要塞山海关是东北通向内地的必经之路,后金军屡次派重兵前来叩关挑战,秦良玉都不为所激,只命部下加固防守,终使清兵无法得逞。一次,秦良玉的儿子马祥麟带兵巡关时,被敌军的流矢射中一目,他忍痛拔出箭镞,援弓搭箭向远处的敌人射去,连发三箭,射死三个敌人,后金将领大为震惧,从此不敢轻易再来山海关挑衅了。

短短的时间内遭遇了兄亡子伤, 秦良玉悲痛欲绝肝肠寸断,于是上书皇帝,陈述了自家军队作战及伤亡情况,明嘉宗深为感动,下诏赐予秦良玉二品官服,并封为诰命夫人,任命其子马祥麟为指挥吏,追封秦邦屏为都督佥事,授秦民屏都司金事之职,还重赏了白杆兵众将士。

山海关战事暂时平息了,于是秦良玉率部返回石柱。返回之时,正赶上永宁宣抚使奢崇明起兵叛乱,奢崇明的党羽樊龙占据了重庆,听说秦良玉带兵回到了石柱,马上派人携金银厚礼去与她联络,想请她共同举兵;秦良玉大怒,当即斩了来使,火速发兵,溯江西上赶到重庆,出其不意地打败了樊龙的部队,攻占了重庆。紧接着,她又率兵直赴成都,彻底击毁了叛军势力。朝廷闻报后,授秦良玉为都督佥事,并任命她为石柱总兵官。

当解除了成都之围、秦良玉率领白杆兵骑马进城时,成都的市民纷纷拥上街头,扶老携幼,争睹女将军的风采。这时秦良玉已是五十开外,几十年的戎马生涯,不但没催她衰老,反而把她磨炼得愈加英姿飒爽。成都民众将她视为神明,纷纷在她走过的路上焚香跪拜,表达了对这位女救星的无限崇敬之情。

数年之后,贵州水西一带再起事端,有一个叫安邦彦的匪首，在这里自立为罗甸王，招兵买马，很快占据了贵阳以西的千里之地。朝廷又诏命秦良玉率白杆军入黔平乱，秦良玉雷厉风行，很快就消灭了安邦彦集团，但在这场战争中，秦良玉得知弟弟秦民屏战死了，秦良玉再一次遭受了痛失亲人的打击。

明天启七年，明熹宗驾崩，熹宗之弟朱由检继承皇位，史称明思宗，即崇祯皇帝。此时的后金，已经改国号为清。清兵趁朝廷改帝之机，由蒙古人作向导，从龙井关越过长城，直奔向通州，京师形势十分急迫。明朝廷再次诏天下诸军镇边勤王。秦良玉接旨后，带领她的白杆兵，日夜兼程赶往京师，并拿出自己的全部家产作为军饷，以补朝廷因连年应战而造成的军需不足。

狭路相逢勇者胜。秦良玉的白杆兵与清兵在京师外围相遇，还没来得及安营扎寨，就开始了全面进攻。年已55岁的秦良玉，白杆兵将士，如猛虎下山勇不可挡，打得清兵望风披靡落荒而逃。很快，秦良玉接连收复了涿州、永平，解救了京城之围。

北京围解之后，崇祯皇帝大加感慨，特意在北京平台召见秦良玉，优诏褒美，赏赐彩币羊酒，并诰封一品夫人，加封少保、挂镇东将军印。并赋诗四首以彰其功：

其一：学就西川八阵图，鸳鸯袖里握兵符。由来巾帼甘心受，何必将军是丈夫。

其二：蜀锦征袍自裁成，桃花马上请长缨。世间多少奇男子，谁肯沙场万里行！

其三：露宿风餐誓不辞，饮将鲜血代胭脂。凯歌马上清平曲，不是昭君出塞时。

其四：凭将箕帚扫胡虏。一派欢声动地呼。试看他年麟阁上，丹青先画美人图。

崇祯皇帝有生之年，享国日浅，遭逢多难，很少有闲情逸致吟诗作赋，除赠秦良玉诗外，仅有赠杨嗣昌的五绝诗传世。如此之殊荣，足可见秦良玉之丰功伟绩。

史载秦良玉率部进京后，“驭军严，秋毫无犯”，“都人闻白杆兵至，聚观者如堵，马不能前。”如今北京宣武门一带的四川营胡同，就是她北上勤王屯兵遗址（门上刻“蜀女界伟人秦少保驻兵遗址”十二大字）。

秦良玉不仅擅长带兵打仗，而且十分注重军需的生产。如今北京四川营胡同附近，还有十几条“棉花胡同”，分头条、上二条、下二条等名称。这也与秦良玉有关。她在北京驻扎期间，曾令部下与女眷纺棉织布，故而附近的一些胡同就被后人呼之为“棉花胡同”。清代曾有人写《四川营吊秦良玉驻兵遗址》一诗咏道：“金印夙传三世将，绣旗争认四川营。至今秋雨秋风夜，隐约钲声杂纺声。”

后来，明末起义军首领张献忠进入四川一带，烧杀掳掠。年过花甲的秦良玉再次披挂上阵，风采不减当年。她率领白杆兵，连战连捷，解除太平之围，扼反将罗汝才于巫山，斩叛帅东山虎于谭家坪，使张献忠的军队在川地吃尽了苦头。然而，由于川地屡经兵灾，府库空乏，损耗的兵力和粮饷无法补充；而起义军势力强大，潮水般拥进川蜀，在整个战局上，官兵是无法取胜的。秦玉良万般无奈，只有退保石柱一地。面对着无奈的战局，英勇善战的秦玉良也只能哀叹“大厦将倾，一木难支”。

清顺治五年（1647），端阳节过后，75 岁的秦良玉在一次检阅过白杆兵后，刚刚迈下桃花马，便“身倾，遂殁”，无可奈何花落去，结束了她战功赫赫的传奇人生。

后人写过无数歌颂这位传奇女杰的诗篇，而歌颂秦良玉最让人感动的诗篇，当出自清末女英雄秋瑾。二人同为巾帼女儿身，英雄相惜，自然别有一番真味在诗中：

其一：古今争传女状头，谁说红颜不封侯。马家妇共沈家女，曾有威名振九州。

其二：执掌乾坤女土司，将军才调绝尘姿。花刀帕首桃花马，不愧名称娘子师。

其三：莫重男儿薄女儿，平台诗句赐娥媚。吾骄得此添生色，始信英雄曾有此。

《资本论》唯一提到的中国人

《资本论》第一次深刻地分析了资本主义的全部发展过程，正如达尔文的《进化论》曾发现有机自然界的进化规律一样，马克思的《资本论》也发现了人类社会的进化规律。《资本论》是马克思用毕生精力著述的伟大的科学巨著，是人类历史上经验和智慧的结晶。

马克思在《资本论》这部不朽名著中，一共提到了六百八十多个世界各国的人物，其中只有一个是中国人，他的名字叫做王茂荫。

这个名叫王茂荫的牛人是何许人？

王茂荫（1798—1865），字椿年，号子怀，安徽歙县人。中国清代著名经济学家、货币理论家、财政学家。他于1832年考中进士步入仕途。历任户部主事、御史、户部右侍郎、左副都御史、工部侍郎、吏部右侍郎等职务。王茂荫在京历任三朝，居官30年，不携眷属随任，一直独居宣武门外歙县会馆，以两袖清风、直言敢谏而闻名。1864年，因为母亲去世离职返乡，1865年在家乡病逝。著有《王侍郎奏议》11卷及《皖省褒忠录》。《清史稿》有王茂荫传。

王茂荫是一位非常有见解的财政专家，他曾在户部任职多年，并主管过钱法堂事务，因而对币制改革一直非常关注，能够针对不同的社会财政状况，提出一些切实可行的缓解财政危机的方法。咸丰元年（1851），王茂荫上呈《条议钞法折》，建议发行由银号出资替政府负兑现责任的丝织钞币，以解决财政困难，被朝廷否决。1853—1854 年，他又两上条疏请改币制，均遭驳回。他提出的兑现大清宝钞和户部官票的主张，反对铸造当百、当五百、当千等项大钱的主张，对保持社会稳定、遏制通货膨胀有一定的作用。针对当时朝廷权臣肃顺等请添铸"当百、当五百、当千"大钱的建议，他一针见血地指出："官能定钱之值，而不能限物之值，钱当千，民不敢以为百；物值百，民不难以为千。"对物价规律和货币投放之间的关系有着较为清醒的认识。但是，王茂荫的这些建议，遭到急于填充国库的咸丰皇帝的严斥，指责他"为商人指使，不关心国事"，并将他调离户部岗位。

王茂荫的货币改革方案，被俄国传教士巴拉第（1849—1858 年在华）写进《内阁关于纸币的奏折》，并被收入了巴拉第主编的一部多卷本资料汇编。当这部资料汇编被翻译成德文，并于 1858 年在柏林出版时，书名已是《帝俄北京公使馆中国著述集》了。《内阁关于纸币的奏折》通过这个德文译本受到了博学的马克思的注意。

马克思在 1864 年出版的德文版《资本论》第一卷第一篇第三章中，在谈到货币或商品流通、论述"强制流通的国家纸币"问题时，以第八十三条大段注释的方式专门提到了中国理财官王茂荫及其"主张暗将官票宝钞改为可兑现的钞票"的观点，从而使他成为《资本论》中唯一提到的中国人。

时人对王茂荫评价很高，说他"直声清节，上自公卿，下至工贾隶圉，无智愚遐迩，啧啧皆赞其贤"（《阮陵吴大廷序》）。张之洞在《劝学篇·内篇·同心第一》中也这样盛赞王茂荫等人：“咸丰以来，海内大乱，次第削平，固由德泽深厚、庙算如神，亦由曾、胡、骆、左诸公，声气应求于数千里之内，二贺（熙龄、长龄）、陶（文毅）、林（文忠）诸公，提倡讲求于二十年以前，陈（庆镛）、袁（端敏）、吕（文节）、王（茂荫）诸公，正言谠论于庙堂之上，有以至之。”

比曾国藩左宗棠还厉害的湘军牛人

胡林翼在湘军集团中，是仅次于曾国藩的二号人物。他既是湘军大佬，又是湖北省绿营的统帅，能文善武，懂经济，擅理政，与曾国藩、左宗棠一同被史学家称为大清“中兴三名臣”。在晚清，时人都认为胡林翼的治行才望在曾国藩、左宗棠之上。曾任御史的晚清名士慈铭说胡林翼“老谋深识，烛照不遗，固中兴第一流人”，曾撰著《湘军志》的晚清大学者王闿运说“中兴之业，实基自胡”，而沈卓然认为胡林翼应位列同治中兴功首，《清史稿》评价他：“长于综核，干济冠时。”

曾国藩自己也曾在奏议中称赞“润芝（胡林翼）才力过国藩十倍”。曾国藩还说胡林翼之功在于“变风气为第一，而荡平疆土二千里次之”。李鸿章晚年，与人谈旧事，常挂在口边的是“先师曾文正公”与“前辈胡文忠公”（胡林翼谥文忠）。清人唐文治在《胡文忠公语录序》中对胡林翼有两句恰如其分的赞语：“此其量，江海之量；此其心，江海之心也。”

胡林翼在后世之所以鲜为人知，主要是因为他壮年早逝，才华未能充分地施展开来。“中兴三名臣”之中，曾国藩享寿六十一岁，左宗棠更是以七十三岁高龄西归，而胡林翼却仅仅只活了四十九岁，当时舆论普遍认为，若胡林翼不死，成就当不在曾国藩之下。

胡林翼出身于颇有家资的书香门第，年轻时放荡不羁，经常寻花问柳，目空一切。其父胡达源深以为忧，逼他刻苦攻读圣贤之书，老父常为此掀髯动怒，甚至将孽子送至好朋友、两江总督陶澍的幕府，让他去好好领教领教“军管”的滋味。哪承想到，胡林翼到了江宁（南京），半点也不收敛，依然我行我素，风流依旧。两江总督陶澍严禁僚属酒色荒嬉，却唯独对胡林翼网开一面，还将爱女毅然决然地许配给他，陶夫人再怎么反对也无济于事。其时，胡林翼在南京纵情山水，并流连忘返于秦淮河畔、钓鱼巷中时，有人密告陶澍，不料陶澍却说：“润之（芝）之才，他日勤劳将十倍于我，后此将无暇行乐，此时姑纵之。”（黄濬：《花随人圣庵摭忆》，上海书店出版社 1998 年版，第 434 页）

更有趣的是，新婚之夕，大家四处都找不到新郎官胡林翼的影子，原来他独自跑到外面喝酒去了，而且喝得烂醉如泥。这一回，陶夫人更加火冒三丈，埋怨陶澍看人走眼，选择了这么个混账女婿，误了女儿终身，陶澍回答道：“此子是瑚琏之器，将来必成大事，年少纵情，不足深责。”

有一次，胡林翼陪老丈人陶澍请当地名流吃饭，席间他侃侃而谈，不管谁和他辩论都要被他一顿奚落，甚至讥讽。结果被岳父骂作“浮萍耳”。此后，他便浪子回头，发奋读书，后来中进士，胡林翼就开始铆足了劲儿念书，第二年乡试高中，第三年又连捷中进士点翰林，时年仅二十五岁。

入翰林后，胡林翼仍流连于勾栏瓦肆。《花随人圣庵摭忆》里讲了这样一件趣事：胡林翼点翰林后，常与同乡善化人周寿昌出入花街柳巷间。一夕，方与周寿昌同就某娼家，坊卒掩至，周寿昌机警，避入厨房，易服而立，得免被执。而胡林翼等人被抓回去问讯，因为不敢吐露身份，所以颇受辱。及释归，就与周绝交，谓其临难相弃，不够朋友。其后，胡林翼治军招勇，就不喜用善化籍人。

真正使胡林翼大彻大悟、痛改前非的是四年后的江南乡试案。那一年，文庆任主考，他任副主考，一同主持江南乡试。不料，他们违规携带别人入闱阅卷之事被告发。结果，文庆谪戍新疆，胡林翼降一级左迁内阁中书。此事对胡林翼的父亲胡达源打击很大，第二年便因郁病去世。胡林翼为此深自悔恨。父亲的去世，也使他顿觉家族的重任将压在他一人的身上。丁忧期间，他痛定思痛，反躬自省，下决心再不像过去那样荒废年月了。

胡林翼一出手就显示了其不同凡响的见识。他深知如果靠一步一步升迁希望渺茫，于是他从亲友那借了一万五千两银子捐了个知府衔，很快就被分到贵州安顺县。当时安顺土匪猖獗，一般人都视之为畏途，不愿前往，而胡林翼因为捐的钱较多，本可以自行选择其他地方任职的，但是他毅然前往。

贵州是胡林翼事业开始的地方。《清实录》说“贵州所属各地方往往聚有匪徒”，“数百为群，聚散无定，抢劫拒捕”。胡林翼年轻时热衷兵略，对军事素有研究，此时刚好派上用场。他深入民间，遍访士绅；短衣草鞋，探访匪穴；训练民兵，遂以知兵名天下。他在贵州和土匪打了六七年的交道，带领官兵与盗匪作战数百次，镇压过天柱等地苗民起义和湖南李沅发起义，后总结战争经验编成了《胡氏兵法》。《胡氏兵法》不只谈兵，更多是谈怎样培养人的精神品格，怎样进行道德修养，怎样对待民众，培本养民。胡林翼在贵州任知府的前三年内，因为剿匪安民有功连升三级，官至贵东道。

时值太平军势如破竹，进军湖南、湖北，清廷上下震动。于是，御史王发桂上疏推荐胡林翼，说他“捕盗锄奸，有胆有识，平日训练壮勇，仿戚继光成法而变通之。勇不满三百，锐健果敢，一可当十。搜剿匪徒于深山密箐中，与士卒同甘苦。所著

《保甲团练条约》及《团练必要》诸篇，行之均有成效，历任督抚深为倚重。倘蒙圣恩逾格畀以重任，留于湖北带兵剿贼，可期得力。”

后经允准，胡林翼遂提兵进入两湖战场，开始其“中兴名臣”的戎马生涯。在与太平军作战中，胡林翼多次运用“围城打援”的战术，打败石达开和陈玉成，其中最大的胜利莫如收复武昌。后来的安庆之战也是因为采纳他的策略而取得成功的。

太平军来势汹汹，于1853年1月攻克武昌，太平军人数增至五十万，清廷惊慌不已。1854年4月，清王朝就把胡林翼调至湖北任巡抚，他带领湘军连续作战，连连获胜，扭转了当时的被动局面。他的名声，在江南大震。湘军在胡林翼的手上发展迅猛。在他担任湖北巡抚以前，湘军只有不到两万人。而自从他在湖北开始编练部队以后，四年时间里，湘军部队的总数增加到了七万多人，远远超过了过去曾国藩所统率的部队规模。

胡林翼与曾国藩的关系十分融洽，不仅与他随时协商军事部署，源源不断地提供饷银，还为曾国藩的复出，为其谋求地方实职一再上奏朝廷。1857年，曾国藩被剥夺了兵权，困守湖南老家。如果不是胡林翼极力向朝廷争取重新起用曾国藩，也许这位湘军的领袖就在湖南那个偏僻的乡村里慢慢度过自己的余生了。

胡林翼比曾国藩小一岁，成名却早于曾国藩，世人并称“曾胡”。他先于曾国藩成为封疆大吏，并且曾国藩后来所任的两江总督一职本来咸丰帝是准备授给胡林翼的，然肃顺提议说：“胡林翼在湖北措注尽善，未可挪动，不如用曾国藩督两江，则上下游俱得人矣。”咸丰帝称善，遂如其议（薛福成：《庸庵笔记》卷一）。二人相比，论学问，胡不如曾，论处世，曾不如胡。

胡林翼驰骋官场很有过人之处。任湖北巡抚期间，令他最头痛的问题是如何处理与湖广总督官文的关系。当时大多数地方的督、抚都是互不买账，明争暗斗，互使绊子，不是你参我，就是我整你，大大影响办事效率。这是清代地方政府的痼疾。胡林翼以大局为重，主动与官文修和。

官文是满洲正白旗人，出身军人世家。此人骄悍昏庸，名为总督，实则是朝廷派到湖广监视汉官的耳目。不久，官文极为宠爱的六姨太要过生日，总督府向武昌官场大发请柬，要为姨太太热闹一番。可按汉人规矩，同僚属官们给总督太太拜寿，没的话说；为总督小妾庆祝生日，则是有失体面，再说湖北司道府县大部分官员平日对官文都无好感，所以，许多官员都托词不来，或观望犹豫。生日这天，日上三竿了，总督府还冷冷清清。官文急得团团转，六姨太也寻死觅活的。这时候，胡林翼来了，不仅仪仗整齐，他还带来了老母亲和夫人，以太太之礼，给官文姨太太送了一份厚礼。他这一带头，那些观望的和不准备来的官员也都纷纷跟着来捧场，这位六姨太心下自然十分感激胡林翼的侠义救场。宴席上，胡老太太及胡夫人尽挑些好听的话恭维六姨太，六姨太喜得合不上嘴。六姨太出身贫贱，自幼丧母，见胡老太太这样喜欢她，便认胡老太太为母。老太太欣然应允，又叫她拜见了兄长胡林翼。从那以后，六姨太常常在枕边吹风，说胡家母子的千好万好，并说，现在两家认了亲，就是一家人了，就不要再为难义兄胡林翼了。官文对这个娇媚聪慧的六姨太向来是百依百顺，果然从此再不给胡林翼使绊子了。

不仅如此，胡林翼每次起草请功奏折时，总把总督的名字写在第一位。这把官文弄得乐滋滋的。这样，官文当起了甩手掌柜，军政大事，全付与胡林翼去办理，他只在公文上画诺而已。胡林翼则放开手脚大干起来，积极整顿吏治，增加税收，革除田赋积弊，剿灭盗贼，募勇练兵。湖北当时督抚关系之和睦，为全国之首。当时，由于与官文的关系好，湖北的军政实权都在胡林翼的手里。

胡林翼很善于理财。当他初任湖北巡抚时，湖北大半沦没于太平军，可谓库储一空，百物荡然，然而胡林翼通过改漕章、通蜀盐、整榷务等手段，岁入四百多万两银子，在当时南方诸省中仅次于江苏和浙江。这些钱，主要用作湘军军饷。为此，曾国藩赞誉胡林翼说："以湖北瘠区养兵六万，月费至四十万之多，而商民不敝，吏治日懋，皆其精心默运之所致也。"（《清史列传》，第三千三百五十二页）在他苦心经营下，"糜烂众弃之鄂"变为了"富强可宗之鄂"（《曾国藩全集·书信三》）。

胡林翼重用从京师下放湖北的户部小官阎敬铭，协助他整顿湖北财务。阎敬铭这个人，号称"晚清第一理财能手"。此人后来得到慈禧太后的特别赏识，官至户部尚书、协办大学士、军机大臣，执掌大清帝国的最高财权。当时，阎敬铭竭尽全力辅佐胡林翼整顿吏治，严杜贪污中饱，查禁走私，广开厘捐，使出浑身解数，终于为湖北藩库积攒了一大笔银钱。

除养兵外，这些钱有的用来"分援邻省，规画江淮"，有的则"为养士及假归来依之营官、哨官起见"。胡林翼这种具饷必丰、养人以宽的笼络手段，不仅使部下死心塌地供他驱遣，而且也使很多客将愿意归附他。因此，曾国藩说："近世将才，湖北最多"，其中的塔齐布、罗泽南、李续宾、都兴阿、多隆阿、李续宜、杨载福、彭玉麟、鲍超等都是当时名将，威震天下。

胡林翼在晚清还以善于发现和擢拔人才出名。其中尤以七次荐举左宗棠传为政坛佳话。左宗棠尚为"湘上农人"时，胡林翼身为黔中僻地小小的知府，人微言轻，便向自己的顶头上司、云贵总督林则徐荐举左宗棠为幕宾（左未成行）；后又多次致书湖广总督程矞采，称誉左宗棠"有异才，品学为湘中士类第一……如便中访问，必有裨高谅"，此事终因左宗棠不愿出山而告寝；胡林翼并未就此放弃，后来又致函湖南巡抚张亮基，褒美左宗棠“廉介方刚，秉性良实，忠肝义胆，与时俗迥异，其胸罗古今地图兵法，本朝国章，切实讲求，精通时务”。他以其诚意感动了孤傲的左宗棠，左宗棠终于出山了，开始了其风起云涌的报国生涯。

难能可贵的是，胡林翼还很善于调和将领间的矛盾。当年，湘军水师的两位大统领杨岳斌和彭玉麟，都是身经百战的虎将，分掌长江内湖水师，因事失和，闹到彼此反目的地步。同袍内讧，这是兵家之大忌。胡林翼很清楚，这个心结一日不解，则一日隐伏后患，于是，他分别写信邀请杨岳斌和彭玉麟前来商量军情。杨捷足先至，宾主握手言欢，彭后到，杨便起身要走，胡林翼强行将他摁在座位上，彭一见这情形，即打算掉臂而去，胡林翼又强行将他摁在座位上，只差没用两口大钉子将他们钉牢在原处了。彭、杨二人相对无语，很是尴尬。胡林翼于是令手下设席开宴，“酌酒三斗，自捧一斗，跪而进曰：‘现在天下糜烂到这等地步了，确实仰赖您二人和衷共济，支撑危局；您二人如今先闹别扭了，又如何佐助中兴大业?!’说完，泣下沾襟”。（方宗诚《柏堂师友言行记》）彭玉麟和杨岳斌都是性情中人，见胡林翼出此至诚，当即大为感愧，赶紧扶起胡林翼，谢了罪，道了歉，彭、杨二人也非鸡肠小肚之徒，遂捐弃前嫌，从此和衷共济。

1861年9月30日，胡林翼因病呕血死于安徽军中。谥文忠，追加太子少保、兵部侍郎。他死后，曾国藩在咸丰十一年（1861）九月的《日记》中感叹道：“赤心以忧国家，小心以事友生，苦心以调护诸将，天下宁复有斯人哉！”曾国藩还赞胡林翼“忧国之诚，进德之猛，好贤之笃，驭将之厚，吏治之精，无善不备，无日不新，同时辈流，固无其匹，即求之古人中，亦不可多得”，其评价之高，在曾国藩论人之语中，是绝无仅有的。

胡林翼生前倾其所有，在益阳石笋瑶华山，修建了箴言书院“以公邑人”,培育人才,造福桑梓。著有《读史兵略》四十六卷,奏议、书牍十卷等,辑有《胡文忠公遗集》。他还曾绘制《大清一统舆图》,为我国早期较完整的全国地图。

晚清通才刘鹗的双面人生

通才者，通晓各个知识领域的人才也。人生有限，要成为通才委实不易。晚清时代，就出过这么一位通才，他就是刘鹗。他学识广博，精于考古，长于文学，并在算学、医道、治河等方面均有出类拔萃的成就，被海内外学者誉为“小说家、诗人、哲学家、音乐家、医生、企业家、数学家、藏书家、古董收藏家、水利专家、慈善家”。

胡适先生曾概括刘鹗的一生，称其“有四件大事：一是河工，二是甲骨文字的辨认，三是开山西的矿，四是贱买太仓的米来赈济北京难民。”胡先生没有提到刘鹗的另一件大事，即他还写过令他名垂青史的《老残游记》。

作为罕见通才的刘鹗涉猎了众多领域，著述颇丰，为我们留下了丰富的文化遗产。除《老残游记》外，刘鹗还著有天算著作《勾股天元草》、《孤三角术》，治河著作《历代黄河变迁图考》、《治河七说》、《治河续说》，医学著作《人命安和集》（未完成），金石著作《铁云藏龟》、《铁云藏陶》、《铁云泥封》，诗歌集《铁云诗存》等。

然而，刘鹗的人生充满了传奇色彩，精明强干的他屡遭官场陷害，同时又因为他贿赂官员，给世人留下了“反腐作家也腐败”之讥。他参与洋人开矿等事情，又被民间直呼为汉奸。其双面人生，令人欷歔不已。

一

刘鹗的小说《老残游记》是晚清的四大谴责小说之一，也是十大古典白话长篇小说之一，后被联合国教科文组织认定为世界文学名著。全书共二十回，光绪二十九年（1903）发表于《绣像小说》半月刊上，到第十三回因故中止，后重载于《天津日日新闻》，始全。原署鸿都百炼生著。作者刘鹗在小说的自序里说：“棋局已残，吾人将老，欲不哭泣也得乎？”小说是作者对“棋局已残”的封建末世及人民深重的苦难遭遇的哭泣。小说以一位走方郎中老残的游历为主线，对社会矛盾挖掘很深，尤其是他在书中敢于直斥清官误国，清官害民，指出有时清官的昏庸并不比贪官好多少。这一点对清廷官场的批判是切中时弊、独具慧眼的。鲁迅先生在《中国小说史略》中曾赞之：“叙景状物，时有可观。”

刘鹗出身于封建官宦人家，其父刘成忠与李鸿章是同年进士，后来曾任京中御史、河南知府与道台。刘鹗是家中最小的孩子，七岁读书，从小散漫，聪明过人，喜杂学，医学、数学、乐律、方技、词章等，学一行精一行，唯独对科举不感兴趣。光绪二年（1876）五月赴苏州，秋至南京应试，落花有意流水无情，最终榜上无名。

科举失意后的刘鹗，从此便无意仕途，热衷于经商。作为官宦子弟的刘鹗要去闯风险甚大的商海，这在当时也算是惊世骇俗之举。但刘鹗说干就干，先后在淮安开过烟草店、在扬州开过诊所、在上海开过印刷厂，但是开一家赔一家，他屡战屡败，屡败屡战，如此蹉跎到了三十一岁（1887），他的人生机遇终于来了。

黄河在历史上频繁决堤，是世界上最复杂、最难治理的河流，历朝历代治理黄河始终是一大难题。这一年，开封、郑州段黄河决口，几位治河官员都束手无策，清政府调来了广东巡抚吴大澄。吴大澄与刘鹗的父亲刘成忠有旧交。刘成忠曾在开封当过知府，还将自己的治河经验写成了书，名叫《河防刍议》。刘鹗受其父之影响，从小喜好水利，并认真研读过父亲的此书，他认为这是一个自己施展身手的好机会，必须抓住。

于是，刘鹗果断地关闭了自己在上海的印刷厂，打点行李北上投奔吴大澄，出任河督局提调官，投身于治黄大业。果然不负所学，刘鹗治黄很有一套，他以大禹治水的精神鞭策自己，不畏艰险，不辞辛劳，身临一线，与河工们同吃同住同劳动，“短衣匹马，与徒役杂作”，采用科学方法及新材料进口水泥，功夫不负有心人，其“束水攻沙”的方略大获成功，终于令黄河河堤合龙，河复正流，可谓初战告捷。

看到刘鹗治理黄河卓有成效，喜出望外的吴大澄又聘请刘鹗担任了“豫、直、鲁三省黄河图”提调，以协调黄河下游各省的统一治河。刘鹗不负吴之厚望，又苦干了近一年，天天“与波涛相出没”，他向山东巡抚张曜提出具体治理办法，得到采纳。第二年，张曜去世，福润继任山东巡抚，由于刘鹗治河有方，黄河大堤一直安然无恙，受到福润赏识。在治黄过程中，刘鹗写下了《历代黄河变迁图考》十卷。后来经福润两次推荐，刘鹗终于在 1895 年进了总理衙门，成了清政府中央机关的工作人员。

二

刘鹗性嗜金石、碑帖、字画及善本书籍，在上海生活时，他就开始收购铜器，已“聚古器数十”。在甲骨文的研究方面，刘鹗也很有见地，他第一个提出甲骨文是“殷人刀笔文字”，其见解最终被其后的研究成果所证明。

说到刘鹗的甲骨文之缘，不能不提王懿荣。王懿荣是大清国子监祭酒，也是享誉北京城的著名金石学家。1899 年的秋天，王懿荣的一场疟疾，改变了甲骨文被病人吃掉的命运。

王懿荣得病的时候，他的好友、《老残游记》的作者刘鹗正住在他家。作为朋友的刘鹗不但过问他的病情，还关注他吃了什么药。当看药时，刘鹗惊奇地发现王懿荣吃的竟然是假药——这哪里是“龙骨”（真正的龙骨是古生物化石），分明是龟板！再仔细观察，刘鹗发现龟板上有影影绰绰的契刻的东西，形状奇怪，好似天书。他拿给王懿荣看，两人“相与惊讶”。王懿荣认为这是古物，便问仆人龟板是从哪儿买来的。之后，他来到售卖龟甲的达仁堂药店“询其来历”，人家告诉他龟甲出自河南汤阴。刘鹗则找遍北京城的所有药店，以极其低廉的价格收购了不少文字比较清晰的龟甲。

山东潍坊的古董商人范维卿深知王懿荣这位老乡 “好古物，一遇有罕见之品，辄登门求售，以获善价”。1899 年夏末，范维卿携带刻有文字的甲骨十二片进京拜见王懿荣。王懿荣把这些甲骨视为珍宝，尽管每板索银二两，他还是全部收购。1900 年春，范维卿又带来八百余片甲骨，其中有一片是全甲的上半，刻了五十二个字，王懿荣照例全数购下。后来，又有一个叫赵执斋的古董商携来数百片甲骨，虽模样不一，但片片有字，王懿荣亦尽收其囊。于是，古董商知此骨可以赚钱，每有所得便携之登门，时过不久，王懿荣已收甲骨一千五百余片。

王懿荣把龟甲骨片逐一摊开，反复推敲、排比、拼合，最后确认这些甲骨上所刻的符号是一种文字，是商代的占卜档案，也就是史籍上所讲的“殷人典册”！王懿荣对甲骨文字的最初判断，为后来的研究所证实。他是揭示甲骨之谜的第一人，中国的文字史也由此向前推进了一千年。王懿荣发现甲骨文一年后，八国联军攻入北京，太后与皇帝仓皇逃命。王懿荣在庭院徘徊了一夜，于翌日清晨书绝命词一纸，曰："主忧臣辱，主辱臣死。"写完，他投井自尽！之后，他的妻子谢夫人带着长媳张氏也一起投井而亡。

王懿荣死后，他的长子为了还债，将父亲收藏的甲骨大部分转售给了王懿荣的生前好友刘鹗，计一千余片。刘鹗还委托赵执斋"奔走齐鲁赵魏之地，凡一年，前后收得三千余片"。另外，刘鹗还派儿子去河南收集甲骨，前后加起来，有五千多片。刘鹗宣称："己亥一坑所出，虽不敢云尽在于此，其遗亦仅矣。"

1903 年，刘鹗从他的五千余片甲骨片中精选了一千多片拓印成书，即大名鼎鼎的《铁云藏龟》，这是甲骨学史上的第一部著录。从此，甲骨文由只供少数学者在书斋里观赏、摩挲的"古董"，变为可资社会上广大学者研究的珍贵史料，从而扩大了甲骨文的流传范围，促进了甲骨学的研究。

刘鹗在《铁云藏龟·自序》中也提到了发现甲骨文的过程："龟板己亥岁出土在河南汤阴……既出土后，为山左贾所得，咸宝藏之，冀获善价。庚子岁，有范姓客挟百余片走京师，福山王文敏公懿荣见之狂喜，以厚值留之，后有潍县赵君执斋得数百片，亦售归文敏。"

民国年间曾任中央研究院历史语言研究所考古组主任、有"中国考古学之父"之誉的李济先生在《安阳》一书中，称王懿荣是中国古文字学科的达尔文，把刘鹗比为赫胥黎。王懿荣是第一个认识到甲骨文学术价值的人，刘鹗是第一个对这些完全不为人知的古文字进行整理、出版的人。

三

刘鹗是近代较早把眼光注意到西方世界的中国人。在列强频频入侵的晚清大变局中，他为风雨飘摇的清王朝开出的“扶衰振敝”的药方是：借用外国资本兴办实业，筑路开矿，使民众摆脱贫困，国家逐步走向富强。他给著名考古学家罗振玉（后来与刘鹗结为了儿女亲家）的信中曾这样说道：“晋矿开则民得养，而国可富也。国无素蓄，不如任欧人开之，我严定其制，令三十年而全矿路归我。如是，则彼之利在一时，而我之利在百世矣。”

他的观点听似有理，但将国家矿藏资源的开发权交给外国，是一件很危险的事情，更为当时的朝野所不容。

那时，西方的资本主义国家对中国丰富的矿藏虎视眈眈，以掠夺资源来对中国实施经济侵略。1896年，“皮包”公司“北京辛迪加”（福公司）在伦敦注册后，创始人罗沙第便风尘仆仆地赶到北京进行公关。他需要先找一名熟悉中国官场又能托付些微妙任务的总经理。他的好朋友、中国招商局总办马建忠就向他推荐了刘鹗。马建忠还帮助刘鹗与晚清重臣李鸿章及其两个儿子搭上了关系，获得了足够分量的政治支持。

这时的刘鹗，曾应湖广总督张之洞之邀到湖北商办芦汉铁路，但却玩不过盛宣怀的手腕，受排挤落马；随后他又上书直隶总督王文韶，建议修筑津镇（镇江）铁路，却卷到镇江乡党的内斗中，惹了一身骚。

刘鹗还因进京行贿而在京城官场中留下了相当负面的评价。他曾带“字画数十件余”前往行贿身居高位的另一老乡翁同龢处，翁同龢是光绪皇帝的老师，时任军机大臣、户部尚书，他在1895年5月21日的一则“日记”为证：“刘鹗者，镇江同乡，屡次在督办处递说帖，携银五万，至京打点，营干办铁路，昨竟敢托人以字画数十件余。记之以为邪蒿之据。”

刘鹗行贿翁同龢，自然是为了“承包”铁路工程，没想到翁同龢高风亮节，不念同乡之谊，不为重金所动，还在日记里把刘鹗的这一丑行记录下来了。

所以，当罗沙第来北京时，在总理衙门工作的刘鹗正郁闷不得志呢。经马建忠牵线，自然一拍即合，刘鹗便欣然出任福公司的华人经理，开始了其颇受人诟病的买办生涯。

刘鹗的买办生涯伊始，他的亲家毛庆蕃、妻舅高子谷都曾经居中帮忙。毛庆蕃是军机大臣兼户部尚书翁同龢的亲信下属，刘鹗与翁同龢的交往，由他承转。翁同龢对福公司的态度，他也随时向刘鹗透露。高子谷虽然是刘鹗在总理衙门的同事，但他身为北洋大臣王文韶的孙女婿，其能量自然非刘鹗可比。王文韶以军机大臣身份兼管外务部之后，高子谷掌管着外务部的电报密码本。清廷高层关于福公司事务的机密文电，他都会在第一时间告知刘鹗。

曾经商海的刘鹗是操作高手，善于打擦边球，去绕开政策之限制。当时矿藏是严禁外资染指的，刘鹗便想了个办法：煤矿在名义上还是国有，自己开采，但因为资本不够，便向福公司借款白银一千万两，福公司因之而获得了山西盂县、平定州与潞安、泽州两府属矿六十年开采权中利润的百分之五十，并承担其间所有的开支。合同名为“筹借洋债”，但既没有规定还款期限，也没有规定借款利息，实质上就是变相卖矿，于国于民皆不利。

刘鹗的此举，自然侵害到了山西当地窑主们的利益，大家义愤填膺地群起而攻之，强烈指责刘鹗的此举实为卖国行径。山西的窑主们广为发动各种社会关系，山西籍的京官和举人们交章弹劾，声势浩大，当时正是华北仇外气氛活跃，朝廷也是保守派当道，于是，山西巡抚胡聘之被勒令提前退休，刘鹗则被开除公职。福公司也暂时偃旗息鼓，被迫停止运营，直到义和团运动后才在山西重新运作，并得到了很大的发展，山西之矿中饱了福公司之私囊。

在山西遇到的麻烦，使刘鹗吸取了教训。痛定思痛后，他在河南的做法就有所改变。福公司的河南业务相对比较顺利。在河南，刘鹗低调地躲在幕后，让他的亲家、分省补用道程恩培和翰林院检讨吴士钊，出面成立了“皮包”公司“豫丰公司”，豫丰公司一无资金二无矿址，其实就是专为福公司绕开外资禁令而量身打造的一顶“红帽子”。随后便是“标准流程”：豫丰公司向福公司“借款”开矿，由意大利公使萨尔瓦作保，在河南地方官员的大力配合下，很快获得朝廷批准，开设了焦作煤矿。刘鹗成了福公司的红人，忙得不亦乐乎，不仅帮着修订焦作煤矿章程，还协助老外分送股票、安排“买办们”的工作和报酬等，深深参与到煤矿的实际管理中，在为国人所痛恨的买办路上越走越远。

战果辉煌的福公司中国业务拓展得很快，在四川麻哈金矿，浙江衢、严、温、处四府煤矿、铁矿等业务中，刘鹗都立下了汗马功劳，他上蹿下跳，左右逢源，帮着福公司四处打点，被民间直呼为“汉奸”。先富起来的刘鹗也先后在上海自办商场、纺织厂，但都失败；随后干脆和日本人合作在东北开设盐场，违反国家政策大肆走私到缺盐的朝鲜，从中牟取暴利。又私自拜见日本使节要人，并多次东渡日本，这些都构成了他的人生污点。

四

1900年，是中国农历庚子年，这一年夏天，中国与当时世界上八个主要强国之间爆发了一场战争。这场一百多年前爆发的动荡也被中国人称为“庚子国变”。庚子之变发生，慈禧太后仓皇西逃，八国联军占领北京，恣意烧杀淫掠、无恶不作，北京居民同时还面临饥饿威胁。刘鹗于八月冒险北上，九月初抵京后，致力救济并参与和议斡旋条款。当时北京市面上无粮可供，刘鹗从上海购粮食经海路运至天津，再运到北京。他创办了平粜局，一面粜，一面赈。时俄军占领北京太仓，因仓内有老鼠，俄军扬言要举火焚烧，刘鹗紧急联合其他赈济团体集款，将太仓存米全部买下，作为平粜，救下许多人的性命。不料后来此举成为刘鹗“盗卖太仓官米”的一大罪状。

1905年，刘鹗与长江水师提督程文炳合伙买下江浦县九濮洲三千八百九十亩地皮，其中刘鹗名下为一千九百四十五亩，并办理了执照。刘鹗认为这个地方将来会成为商货吐纳之所。江浦有个豪绅陈浏，曾做过五品京官。这时朝廷决定筑津浦铁路，以浦口为终点，地价势将攀升，他见刘鹗买了浦口附近的地皮，占了便宜，便设计通过京中御史吴文翰将禀帖投到军机处、外务部、邮传部，控告刘鹗“私集洋股，揽买土地”，欲将刘鹗置于死地。

也该刘鹗倒霉。恰巧此时，朝中权臣袁世凯以直隶总督奉诏入军机处，接触到的第一个案子便是控告刘鹗的，而袁世凯与刘鹗素有积怨，正好借此落井下石。刘鹗与袁世凯曾在山东巡府张曜麾下共事过，袁为自己长久不被重用，曾请刘向张请求提拔任用的事，而张却认为袁“才可爱而性未定，资可造而识未纯”，没有同意袁的要求，因此袁世凯以为刘鹗不肯为他出力，一直怀恨在心。如今，袁世凯已权倾一时，刘鹗自然难逃厄运。

当袁世凯将控告刘鹗的奏折带到会上时，参加会议的新授文渊阁大学士世续闻知是控告刘鹗，也来劲了。原来世续的父亲与刘鹗的父亲刘成忠是好朋友，当年世续考中举人后，也像一般读书人一样，向亲友“打秋风”。世续带了一块家藏端石，来到刘成忠府上请谒，以求资助。谁知刘成忠见了世续，摆出老辈面孔，教训他：“你方年少，前程不可限量，却为何学起世俗子弟？你到京后，如果真的发生困难，我当会汇款接济。”年轻气盛的世续从此跟刘家结下冤仇。如今刘家儿子落在自己手里，正好公报私仇，当即同袁世凯唱起一个调子，主张密饬两江总督端方严密查报，如系属实，应即请旨逮捕法办。

军机处领班庆亲王奕劻对刘鹗一案尚存疑虑，故持谨慎态度。经过一番了解，并无证据证明刘鹗私集洋股购买地皮，就将此事搁了下来。袁世凯、世续两人认为庆亲王庇护刘鹗。袁世凯对世续说："刘鹗这汉奸是饶他不得的，辛丑那年，他和俄军勾勾搭搭，以办赈为名，盗卖仓粟牟利，现在户部里报失的案子还没结呢！中堂（指世续）见到肃王（善耆）和泽公（载泽）时提一提，叫他们报了上来，来个并案办理，好歹总有个结束。"

善耆和载泽都执掌着户部，皆与世续是好友，于是，户部很快奏报刘鹗"擅卖太仓存谷牟利"之罪，再加上为外人在浦口购地一案，庆亲王奕劻便同意依议处理了。袁世凯立即以外务部名义密饬两江总督端方，将刘鹗密捕归案，时为光绪三十四年（1908）五月。

两江总督端方和刘鹗有些交情，接到复电，知道不抓捕刘鹗已不可能，便想法在捉拿过程中做手脚，他一面布置巡警道总监去拘捕刘鹗，一面又说这是袁世凯奉密旨交办之事，不能打草惊蛇，抓捕行动放在后半夜更为妥当，故留巡警道总监吃饭喝酒，同时又让王孝禹急速派人通知刘鹗，赶快逃离南京避祸。谁知阴错阳差，刘鹗当晚外出未归，通知之事又为刘鹗仆人所误，当刘鹗半夜归家后，正好被抓拿归案。

1908 年 6 月 25 日，巡警总监委员许炳璈亲自乘兵船将刘鹗押至汉口，随后改由湖广总督督标亲兵押送，取道陆路北上，然后由沿途河南、陕西、甘肃巡抚派兵接差。当年秋天，刘鹗被押解至新疆迪化（今乌鲁木齐）。

被流放到迪化后，刘鹗举目无亲，人地两生，万般无奈，只好来到了西门里的一座城隍庙，将之作为栖身之所，当时住在庙里的人大都是无家可归的贫民，他们白天上街乞讨，晚上回庙住宿。刘鹗虽然落难，但他终究是个做过官且有文章传世的斯文之人，不便沿街乞讨，生活几无着落。

天无绝人之路。这时恰好城隍庙里有一寄宿道士，人称“刘长腿”，此人精于医道，来庙求医者络绎不绝。他听说刘鹗懂医学还开过诊所，便邀请刘鹗帮忙一同为人治病，二人遂成莫逆之交。他们轮流上山采药，轮流在庙应诊，倒也相得益彰。刘鹗非常佩服“刘长腿”的为人，曾专门为其题诗一首：“道人居市不居山，治病救人岂等闲。凭得阳春两只脚，一生九度玉门关。”不久“刘长腿”应朋友之邀投奔山西五台山，后在庙中坐化。

“刘长腿”离开后，刘鹗就独自在城隍庙应诊，他本来就通达医学且又在内地游医多年，有着丰富的临床经验，并且收费低廉，对贫穷患者有时还分文不取，所以很快便誉满全城。迪化附近的老百姓都知道城隍庙里住着一位“菩萨大夫”，便慕名前来就诊，病人的信任和需要，对于“负罪”谪戍边疆的刘鹗来说是一种莫大的安慰和鼓励。

在迪化期间，刘鹗在行医诊病之余，还经常与当地的文人墨客诗文唱和，可惜现已大多失传。他还发挥其叙景状物的特长，用对联的形式为后人勾勒出一幅惟妙惟肖的清末迪化风土图，令人叹为观止：“流水小桥催钓影，春风深巷卖花声。”

一九〇九年七月初八，刘鹗突然中风，于贫病交加中逝于新疆迪化，凄凉辞世，享年五十二岁。

风华绝代的
民国第一奇女子

冠盖群芳、风华绝代的吕碧城，堪称民国第一奇女子，其一生颇为传奇：身为红粉，而有巾帼女豪之誉，一生伤怀国是，关怀民瘼，痛恨黑暗，同情弱小，又倡导佛学菩提，力主护生。她不仅是“近三百年来最后一位女词人”、诗人，政论家、社会活动家、资本家，还是中国第一位女性撰稿人，中国新闻史上第一个女编辑，中国第一位动物保护主义者，中国女权运动的首倡者、中国女子教育的先驱者……时人写诗赞曰：“绛帷独拥人争羡，到处咸推吕碧城。”

凤毛麟角之才女

吕碧城，一名兰清，字遁夫，号明因、宝莲居士。安徽旌德县人，生于清光绪九年（1883）。父亲吕凤岐乃光绪三年丁丑科进士及第，曾任国史馆协修、玉牒纂修、山西学政等。家有藏书三万卷，诗书自可育人。书香之家的熏陶，使吕碧城聪颖而早慧：“自幼即有才藻名，工诗文，善丹青，能治印，并娴音律，词尤著名于世，每有词作问世，远近争相传诵。”

吕碧城不仅是大才女，而且是个不折不扣的美女。从时人赠她的“天然眉目含英气，到处湖山养性灵”以及“冰雪聪明芙蓉色”等诗句里，我们也可看出她的美貌来。今传有其照片多帧，着装为欧式衣裙、胸绣孔雀翎、头戴翠羽，风姿绰约，娟秀妩媚，美丽可人。现代著名女作家苏雪林曾誉其为“美艳有如仙子”。

吕碧城12岁时，诗词书画的造诣就已很高了。这一年她写下了这样的一首词：

绿蚁浮春，玉龙回雪，谁识隐娘微旨？夜雨谈兵，春风说剑，冲天美人虹起。把无限时恨，都消樽里。君未知？是天生粉荆脂聂，试凌波微步寒生易水。浸把木兰花，谈认作等闲红紫。辽海功名，恨不到青闺儿女，剩一腔毫兴，写入丹青闲寄。

当有人告诉当时的“诗论大家”樊增祥（和吕碧城父亲是同年进士，曾任两江总督），这是一个12岁少女的作品时，他惊讶得半天说不出话来，断不敢相信“夜雨谈兵，春风说剑”，如此荡气回肠的词章竟出自一个小女孩儿之手！樊增祥后来曾编辑出版吕碧城诗词，极为喜欢吕碧城的一首《浪淘沙》：“寒意透云帱，宝篆烟浮。夜深听雨小红楼。姹紫嫣红零落否？人替花愁。临远怕凝眸，草腻波柔。隔帘咫尺是西洲。来日送春兼送别，花替人愁。”并在这首词旁批曰：“漱玉（李清照曾著有《漱玉词》）犹当避席，断肠集（宋代著名才女朱淑真词集名）勿论矣。”

吕碧城著有《信芳集》、《晓珠集》、《雪绘词》、《香光小录》等十几本诗词集，其代表作被近代词学理论家龙榆生收入《近三百年名家词选》，称之为“近三百年来最后一位女词人”、“凤毛麟角之才女”。吕碧城的诗词文风唯美、超越、冷艳，以超越时俗的激情与识见融入丰饶瑰丽的意象，以一支饱含时代风云、欧风美雨之生花妙笔，写尽了鲜活的风光事物，如：火山、雪湖、冰河、铁塔、网桥、电缆、飞艇、木棉、旭日、海涛、日落、自由女神，乃至胶鞋、雨衣、冰淇淋……使词这一文学样式走出旧日儿女私情、风花雪月、伤春哀怨、身世感怀、闺阁情丝等局限，从而开创了波澜壮阔、奇妙多姿的新境界。

评论家陶杰说，吕碧城的词“并非首首闺秀纤巧，而是烙印了时代的烽烟。手笔婉约，别见雄奇，敏感玲珑，却又暗蓄孤愤。”柳亚子认为，百余年来，吕碧城“足以担当女诗人而无愧”。吕碧城不仅是近代卓越的女词人，而且于诗文创作亦同样才笔纵横，卓尔不群，造甚深。诗人易实甫曾称赞道：“其所为诗文‘见解之高，才笔之艳，皆非寻常操觚家所有也。’”

《大公报》主笔

吕碧城 9 岁时便与同邑一汪姓乡绅之子订婚。13 岁那年，她的家庭发生了重大变故，父亲病逝，因无子嗣，全部家产被恶意族人霸占，并唆使匪徒将母亲严氏强行幽禁。小小的吕碧城挑起重担，给父亲的朋友和学生写信，四处求人告援，其中包括时任江宁布政使、两江总督的樊增祥。一时间各种压力纷纷来到安徽的各级政府，官员们不敢怠慢，囚禁多时的母亲得以脱险。但碧城“夫家”却起了戒心：她小小年纪就有如此能量，这样的媳妇日后过了门恐怕难以管教，于是提出退婚。吕家自此劫难后门祚衰微，孤儿寡母，势单力薄。那时女子订婚身不由己，而被退婚则当作奇耻大辱。这段痛苦的经历，在幼小的碧城心里留下了刻骨铭心的烙印，成为她终生难以抚平的创伤，自此萌发了对封建制度的无比痛恨。

连遭失夫与女儿被退婚的双重打击后，生活无着落，吕碧城的母亲便带着4个尚未成年的女儿，投奔在塘沽任盐课司大使（盐场总管，八品官，不是盐运使）的舅父严凤笙，开始她们寄人篱下的生活。1903年春，戊戌变法深入人心，维新思想狂飙突进，因不满闺中灯影小楼、书艺墨魂、粉黛丝竹的生活，一心想逃脱藩篱，20岁的吕碧城有意到天津“探访女学”。外甥女要入新学，遭到脑筋陈旧的舅父的严词骂阻，说女孩家应在家中“恪守妇道”，引起吕碧城的极大激愤，她第二天便逃出了家门，踏上去往天津的火车。她身无分文，就连行装也没来得及收拾。举目无亲的吕碧城在火车上遇上一位好心人——天津佛照旅馆的老板娘，当她了解到吕碧城的情况后，便将她带到自己的家中住了下来。由于吕碧城没有经济来源，生活一时陷入困境，便四处转悠。她无意中得知了舅父署中秘书方君的夫人住在天津滨江道的《大公报》社，就给她写了一封信，述说自己的经历和来津的种种情况，情真意切地寻求援助。

也许是命运的眷顾，吕碧城时来运转。这封信恰巧被《大公报》总经理兼总编辑英敛之看到了，他同情吕碧城的遭遇，也为她信中的文采所倾倒，连连称许。英敛之，名华，号安蹇斋主，立宪党人，倾向维新，才华横溢，他于1902年在天津创办了《大公报》。惜才爱才的英敛之亲自前往方夫人的家中探访，相见之下对吕碧城的胆识甚为赞赏，并当即决定邀请她担任《大公报》见习编辑，让她搬到报馆居住。吕碧城因祸得福，到天津“新学”没有上成，却自此成为我国新闻史上第一个女编辑，并开始走上她独立自主的人生之路。

才女吕碧城到《大公报》仅仅数月，所发表的格律严谨、文采斐然的诗词就颇受前辈们的赞许。她又连续撰写鼓吹女子解放和宣扬女子教育的文章，如《论提倡女学之宗旨》、《敬告中国女同胞》、《兴女权贵有坚忍之志》等，引起了强烈的反响。她在诗词和文章中流露的刚直率真的性情以及横刀立马的气概，深为时人尤其是新女性所倾慕。吕碧城也因此在京津地区崭露头角，声名鹊起，成为一颗冉冉升起的明星。

1908 年，光绪与慈禧先后亡故，一大批人为之惶惶不安，似乎慈禧一死，天就要塌了，国家失去了主心骨，不知如何是好。这时却有人填了一阕《百字令》：

> 排云深处，写婵娟一幅，翠衣轻羽，禁得兴亡千古恨剑样英英眉。屏蔽边疆，京垓金弊，纤纤手输去，游魂地下，羞逢汉雉唐鹅。

这首词和一幅题咏慈禧的漫画像，都登在了《大公报》上。作品痛斥慈禧，说她把大清朝的江山搞得一塌糊涂，将边疆的大量领土，国库中的大把银钱送给了外国，她到阴曹地府，见到汉朝的吕后、唐朝的武则天，一定羞愧难言。这使清政府十分恼火，成为轰动一时的新闻。这首引起轰动的词和画的作者，就是当时只有 25 岁的年轻女子吕碧城。

1904 年至 1908 年，吕碧城成为《大公报》的主笔，她的锦绣文章频频面世。她的两个姐姐吕惠如、吕美荪和她一样，均以诗文闻名于世，号称“淮南三吕，天下知名”。《大公报》编辑出版了《吕氏姊妹诗词集》，并发表评论，称她们是“硕果晨星”式的人物。

社交场上的明星

其时，各种聚会上常常会出现吕碧城的丽影芳踪。一时成为京津地区的一道奇特景观，人们对这个有思想的美女加才女刮目相看。当时各界名流纷纷追捧吕碧城，如著名诗人樊增祥、易实甫、袁世凯之子袁寒云、李鸿章之子李经羲等，正如内廷秘史缪珊如有诗赞说："飞将词坛冠众英，天生宿慧启文明。绛帷独拥人争羡，到处咸推吕碧城。"用吕碧城自己的话说："由是京津闻名来访者踵相接，与督署诸幕僚诗词唱和无虚日。"

当时追求吕碧城的人很多，据说吕碧城的眼光也非常高，只看上了梁启超与汪精卫，但她又嫌梁启超年纪太大（比吕碧城大9岁），汪精卫年纪太小（与吕碧城同岁）。另外，根据近代天主教史学家方豪先生考证，《大公报》主编英敛之，十分爱慕吕碧城，甚至引起了英夫人的误会。史学家梁元生先生也在英氏日记中发现了英敛之写给吕碧城的词："稽首慈云，洗心法水，乞发慈悲一声。秋水伊人，春风香草，悱恻风情惯写，但无限悃款意，总托诗篇泻。"确实情意绵绵，流露着一片深情。

吕碧城是这样与友人说起她的情感感悟的："生平可称心的男人不多，梁启超早有家室，汪精卫太年轻，汪荣宝人不错，也已结婚，张謇曾给我介绍过诸宗元，诸诗写得不错，但年届不惑，须眉皆白，也太不般配。我的目的不在钱多少和门第如何，而在于文学上的地位，因此难得合适的伴侣，东不成、西不就，有失机缘。幸而手头略有积蓄，不愁衣食，只有于文学自娱了。"

倡导女权的教育家

吕碧城还与"鉴湖女侠"秋瑾交情莫逆，提倡女权，曾与秋瑾同榻而眠，所论多国运民脉之事。"流俗待看除旧弊，深闺有愿作新民。"是她们的共同心声。有趣的是，秋瑾因仰慕吕碧城，也号"碧城"，不少吕碧城的作品被误认为出自秋瑾之手，于是秋瑾"慨然取消其号"。不久，吕碧城又为秋瑾创办之《中国女报》撰写发刊词。秋瑾被害，吕十分痛心，夜不能寐，设法与人将其遗体偷出掩埋，又于灵前祭奠之。吕碧城又用英文写了《革命女侠秋瑾传》，发表在美国纽约、芝加哥等地的报纸上，引起颇大反响。她曾与“鉴湖女侠”秋瑾同榻而眠，呼吁革命，是发动女权运动的先驱者。

做《大公报》主笔期间，吕碧城借助这一舆论阵地，积极为她的兴女权、倡导妇女解放等主张发表了大量诗文。作为妇女思想解放的先行者，她认为，要想实现女性的真正独立，必须“启发民智”，极大提高女性人群的思想文化素质。因此，兴办新式女学成为她实践自己理想的奋斗目标。于是，吕碧城发表了多篇言论，宣扬兴办女学的必要性和重要性。她把兴办女学提到关系国家兴亡的高度，以此冲击积淀千年的“女子无才便是德”的陈腐观念。女学运动的兴起，恰恰证明了社会上男女地位的不平等，“欲使平等自由，得与男子同趋于文明教化之途，同习有用之学，同具强毅之气。”她认为，“办女学、开女智、兴女权才是国家自强之道的根本”。

为了帮助吕碧城兴办女学，《大公报》总经理兼总编辑英敛之介绍她与社会名流严复、严范孙、傅增湘等相识，以求支持。《天演论》译者、著名思想家、教育家严复当时执教于天津水师学堂，并任该校总教习、总办（校长），与英敛之过从甚密，曾为其手书《大公报》报名。他也早闻吕碧城大名，对她十分赏识，赞之曰：“此女实是高雅率真，明达可爱，外间谣诼，皆因此女过于孤高，不放一人于眼里之故。故我看甚是柔婉服善，说话间除自己剖析之外，亦不肯言人短处。”严复随后不仅收她为女弟子，悉心教授逻辑学原理，师生互致诗词唱和，还向总督袁世凯鼎力推荐吕碧城，说她是兴办女学的最佳人选。于是袁世凯欣然同意，让她协助戊戌科进士、直隶提学使傅增湘筹办女学。在天津道尹唐绍仪等官吏的拨款赞助下，女学筹办进展顺利。1904 年 10 月 3 日《大公报》刊登了“倡办人吕碧城”发布的《天津女学堂创办简章》，同年 11 月 17 日北洋女子公学正式成立并开学，吕碧城出任总教习（教务长），傅增湘为监督（校长）。两年后添设师范科，更名为北洋女子师范学堂，时年23岁的吕碧城升任监督（校长）。这样年轻的女校长，当时全国也是绝无仅有。

这一时期，吕碧城的女子教育思想主要体现在：中国的女子教育以改造国民素质为本，培养德智体全面发展的“完全之个人”和“完全之国民”；女子要享有与男子一样的受教育权利，打破女子教育以识字和家政为主的教育清规，以西方教育为蓝本，对女子必须授予全面的教育；女子教育要大胆任用男教师，以提高女子教育质量；女师的学生，今后不仅做女子学堂的教师，更要做男子的教师；等等。这些教育思想的提出，对当时的教育界是极大的震动，确为当时的女子教育吹进一股清新的风。

在这方校园的净土上，吕碧城为推广新式女子教育不遗余力。她一干就是七八年，既负责行政又亲自任课。把中国的传统美德与西方的民主、自由思想结合起来，将中国国学与西方的自然科学结合起来，使北洋女子学府成为中国现代女性文明的发源地之一。她希望她所培养的学生将来也致力于教育和培养下一代，“为一个文明社会的将来尽各自的力量”。许多在此学习的女生后来都成为中国杰出的革命家、教育家、艺术家，如邓颖超、刘清扬、许广平、郭隆真、周道如（曾是袁世凯敬重的家庭教师）等，她们都曾亲聆过吕碧城授课。在沉寂的中国大地上，吕碧城为女性的整体觉醒播下了一粒粒希望的种子。

榜样的力量是无穷的。在吕碧城影响下，吕氏姐妹皆从事女子教育，并成就斐然。大姐吕惠如担任南京两江女子师范学校校长，二姐吕美荪担任奉天女子师范学校校长，妹妹吕坤秀在厦门女子师范学校任教员，亦成为著名诗人和教育家。“旌德一门四才女”一说成为当时广为传赞的美谈，为时人所称羡。

历史往往喜欢开玩笑。令吕碧城哭笑不得的是，当年吕碧城因被舅父责骂而出走，及至她创办女学时，这个舅父严凤笙却“因事被劾去职”，袁世凯竟指定他协助外甥女吕碧城参与筹备事宜，他无地自容，但只好“忍气权从”，但没过多久就辞职回了塘沽。对此吕碧城调侃地说：“然予之激成资助以迄今者，皆为舅父一骂之功也。”

从总统秘书到皈依佛门

民国成立后，袁世凯窃取辛亥革命的果实，任大总统，吕碧城进入新华宫担任大总统的公府机要秘书。后袁世凯欲称帝，筹安会的一批人积极充当袁世凯帝制复辟的吹鼓手。吕碧城不屑袁世凯及其追随者之所为，毅然辞职，携母移居上海。她与外商合办贸易，仅两三年间，就积聚起可观财富。成为富甲一方的女商人，生活极其西化、奢华。

1918 年吕碧城前往美国就读哥伦比亚大学，攻读文学与美术，兼为上海《时报》特约记者，将她看到的美国之种种情形发回中国，让中国人与她一起看世界。四年后学成归国，1926 年，吕碧城再度只身出国，漫游欧美，此次走的时间更长，达七年之久。她将自己的见闻写成《欧美漫游录》（又名《鸿雪因缘》），先后连载于北京《顺天时报》和上海《半月》杂志。吕碧城两度周游世界，写了大量描述西方风土人情的诗词，字字珠玑，脍炙人口，传诵一时。

1928 年，吕碧城参加了世界动物保护委员会，决计创办中国保护动物会，并在日内瓦断荤。1929 年 5 月，她接受国际保护动物会的邀请赴维也纳参加大会，并盛装登台作了精彩绝伦的演讲，与会代表惊叹不已。在游历的过程中，她不管走到哪里，都特别注重自己的外表和言行，她认为自己在代表中国二万万女同胞，她要让世人领略中国女性的风采。此后，她周游列国，宣讲动物保护的理念，成为这一组织中最出色的宣传员。

吕碧城终身未婚，后逐渐开始对宗教发生兴趣。民国初年，吕碧城在北京见过天台宗高僧谛闲，若有所悟。不过吕碧城真正开始信佛，根据她自己的记叙，是在1929年前后。当时吕碧城旅居英国伦敦，友人孙夫人偶然在街头“捡得印光法师之传单，及聂云台君之佛小册”，孙夫人对此不屑一顾：“当这时代，谁还要信这东西！”但吕碧城立刻说：“我要！”“遂取而藏之，遵印光法师之教，每晨持诵弥尊圣号十声，即所谓十念法。此为学佛之始。”吕碧城这一学佛因缘颇为奇特，连她自己也常常感叹：“遇佛法于海外，已属难事，况此种华文刊品，何得流入英伦，迄今犹以为异。然倘不遇者，恐终身不皈大法，险哉！”

1930年，吕碧城正式皈依三宝，成为在家居士，法名曼智，其佛教修行实践，以净土念佛为主。与太虚、常惺等当时著名僧侣多有往来。

吕碧城的著作有《吕碧城集》、《欧美之光》、《观无量寿佛经释论》、《梵海蠡测》等。其中《欧美之光》介绍了欧美各国的佛学会、素食会、动物保护会。吕碧城旅居欧美时间很长，所到之处甚多，因此搜集的资料非常丰富，而且还保留了许多非常珍贵的插图。

1939年，第二次世界大战爆发，欧洲的硝烟比中国更浓，吕碧城深夜听到邻家的钢琴声，都好似杀伐之声。吕碧城由瑞士返回香港，先是住在香港山光道自购的一所房子中，后搬入东莲觉苑，1943年1月24日在香港九龙孤独辞世，享年61岁。遗命不留尸骨，火化成灰后将骨灰和面为丸，投于南中国海。

李义山的那首《碧城》：“碧城十二曲阑干，犀辟尘埃玉辟寒。阆苑有书多附鹤，女床无树不栖鸾。星沉海底当窗见，雨过河源隔座看。若是晓珠明又定，一生长树水晶盘。”或许正是吕碧城富于传奇色彩的一生的写照。她自己所作的《琼楼》一诗，则更能体现她对人生的真切感受：“琼楼秋思入高寒，看尽苍冥意已阑；棋罢忘言谁胜负，梦余无迹认悲欢。金轮转劫知难尽，碧海量愁未觉宽；欲拟骚词赋天问，万灵凄恻绕吟坛。”

迷倒民国五位总统的一代名伶

戏剧大师曹禺1980年曾著文这样说："如今戏剧界很少有人提到刘喜奎了。然而在一二十年代，她可是红透半边天的名坤伶，是唯一能跟谭鑫培、杨小楼唱对台戏的女演员。"刘喜奎比梅兰芳小一岁，1895年出生于河北，自小学习河北梆子，后来兼学京剧。在梅兰芳大量排演时装新戏时，刘喜奎在天津也参与演出了不少新戏，有《宦海潮》、《黑籍冤魂》、《新茶花》等。

刘喜奎身材窈窕，五官玲珑，眉目如画，气质高雅，清丽不俗，见之者都惊为天人，与她配戏的尽都是精挑细选的美人胚子。她未出场时，满台都是莺莺燕燕，各个美如天仙，令人目不暇接；一到刘喜奎登场，一声婉转娇啼，唱腔圆润，与她配戏的坤伶们相形之下，就都变成了庸脂俗粉。

舞台上的刘喜奎绰约多姿，扮相娇俏，顾盼犹怜，令观众眼睛为之一亮，不由得看得如痴如醉，陶醉在她一颦一笑，一抬手一投足之中。故出道没有多久，她便成了闻名遐迩的"梨园第一红"，连伶界大王谭鑫培都说："男有梅兰芳，女有刘喜奎，吾其休矣！"

刘喜奎在京津沪唱红之后，各方赞誉纷至沓来，报纸刊物上对其的报道连篇累牍，媒体甚至评价说谭鑫培、梅兰芳都不如喜奎。对于铺天盖地的溢美，刘喜奎没一点飘飘然，从不迷失自己，在戏班中，她依然和别人认真配戏，认真演好每一个角色，从不突出自己，也从不摆大牌的架子，与大家风雨同舟，和衷共济，别人漏场，她总是极力补救。自己的行头，姐妹们也可以穿用。

在民国的艺术星空中，刘喜奎无疑是最亮的星之一。为她着迷的上至达官贵人，中有士绅名流，下至贩夫走卒，捧场者甚众，追星者多如过江之鲫，其忠实“粉丝”多如天上之繁星点点，数不胜数。在这里举她的两个铁杆“粉丝”的例子，以说明刘喜奎受喜爱之程度。

段祺瑞的一个侄子，单恋刘喜奎已到发狂的程度，有人与他赌，赌其敢不敢当众抱刘喜奎。那晚刘喜奎在“广德楼”演《西厢记》中的红娘，娇媚柔腻之态使得全场如醉如痴，段祺瑞的侄子看得更是灵魂出窍。散戏后，在众目睽睽之下，他向前一把抱住刘喜奎狂吻不放，口中念念有词：“心肝宝贝，我想死你了！”吓得刘喜奎花容失色，人们立即将他扭送警察局里，问他姓名他死不回答，于是罚他五十大洋了事，出了警察局，他大呼：“痛快！痛快！值得！值得。”当时报上大事渲染，好事之徒作诗一首：“冰雪聪明目下传，戏中魁首女中仙；何来急色儿唐突，一声心肝五十元。”著名戏曲专家张伯驹先生在其名作《红毹纪梦诗注》中详文记载了此事，伯驹先生还为此作诗曰：“独占花魁三庆园，望梅难解口垂涎。此生一吻真如愿，顺手掏来五十元。”

曾任过广东钦廉道，以清朝遗老自居的故都名士易实甫，才思横溢，文名藉甚，曾写过许多诗词赞美刘喜奎，并曾对天发下七大愿望：

一愿化蚕口吐丝，月月喜奎胯下骑。

二愿化棉织成布，裁作喜奎护裆裤。

三愿化草制成纸，喜奎更衣常染指。

四愿化水釜中煎，喜奎浴时为温泉。

五愿喜奎身化笔，信手摩挲携入直。

六愿喜奎身化我，我欲如何无不可。

七愿喜奎父母有特权，收作女婿丈母怜。

如此露骨的表态，极尽猥亵之能事。据说易实甫每天必到刘喜奎的寓所一次，风雨无阻，热情洋溢，每次入门都高呼："我的亲娘呀！我又来啦！"狂态可掬，使人捧腹，刘禹生的《洪宪法记事诗》中有专咏此事的："骡马街南刘二家，白头诗客戏生涯。入门脱帽狂呼母，天女嫣然一散花。"

刘喜奎的声名和香艳引起当时军阀政客达官贵人的垂涎，北洋时期的几任总统袁世凯、黎元洪、冯国璋、徐世昌、曹锟等都曾打过她的主意，各个对其垂涎三尺。袁世凯与黎元洪次次约请唱堂会，均被刘喜奎拒绝。

有一次袁世凯用总统的名义"请"她去中南海唱堂会戏，刘喜奎正在后台化妆，一个听差跑过来对她说："有人请。"她跟着听差到了一间陈设华丽的屋子里，看房中无人，顿觉气氛不对，就问他："是谁找我？有什么事？"这时，袁世凯从门后走出对刘喜奎说："没有什么事，请你来随便聊聊。"刘喜奎见袁不怀好意，便不卑不亢地说："既然没有事，我还得去化妆。"说完就回去了。后来袁世凯对人言："那个女戏子真不好惹。"

曹锟早就想纳刘喜奎为妾，他采取银洋攻势，白花花的银洋，一筐筐送到骡马街刘家，刘家父母对曹锟要娶刘喜奎为妾的要求早已点头应允。

但是刘喜奎以死抵拒。1921 年，曹锟六十大寿，北京名伶大演会堂戏，为躲避曹锟已经两年没有登台演戏的刘喜奎，禁不起一直苦追自己的陆绵（北洋政府陆军部次长）的一再保证和怂恿，也勉为其难地参加了演出。谁料戏一唱完。曹锟就露出狰狞面目，硬把刘喜奎留下，要逞其兽欲，幸亏另一位一直保护刘喜奎的“护花使者”崔承炽急急地找到了曹锟的正室大太，向她求情，曹锟的正室大太醋劲大发，大发雌威，唬住以怕老婆著称的曹锟，刘喜奎才逃出虎口。

历史上有名的“辫帅”张勋，粗鲁无文，贪恋美色。民国二年，张勋在北京江西会馆做寿，京城名伶一概召齐。演戏期间，张勋对刘喜奎垂涎不已，对刘喜奎软硬兼施，欲纳她为妾，终因各种因素的干扰未能成功。不久被任命为江苏都督，统兵南下，娶了一位秦淮名妓小毛子为妾。等到升为长汀巡阅使，坐镇徐州，再纳天津名伶王克琴为妾，总算填补了得不到刘喜奎的遗憾。民国六年，张勋率“定武军”入京，和康有为一道拥立溥仪复辟，在各界欢迎他的堂会戏中又目睹刘喜奎的绝妙风采，不禁心猿意马，神魂颠倒。凭着复辟丑剧中宣统皇帝封他的北洋大臣兼直隶总督的显赫地位，非要娶到刘喜奎不可，刘灵机一动提出要张剪辫后再论婚嫁。张勋爱辫如命，当年“北洋之虎”段祺瑞曾派专人到徐州劝张勋剪辫，张闻言大怒：“头可断，发辫绝不可剪！”没想到这次张勋却痛快地答应了刘喜奎的要求，并不惜撵走姨太太来讨好刘喜奎。幸亏段祺瑞在天津马厂誓师，组织“讨逆军”直扑京师，迫使张勋通电下野，张勋自顾不暇，此事方才作罢。刘喜奎总算是逃过了张辫帅逼嫁的这一劫。

刘喜奎与梅兰芳堪称是20世纪初中国戏曲舞台上的一对金童玉女，当时出版的书刊曾评价说，刘喜奎与梅郎皆有天仙化人之目，其身份高绝，风姿绝韵，犹如两颗璀璨的双子星，正焕发着夺目的光芒。1918年，《顺天时报》主持评选伶界大王，结果梅兰芳以 232865 张选票获男伶大王徽号，刘喜奎以 238606 张选票获坤伶大王徽号。

两人从相互钦敬到相互欣赏到相互深爱，但这对有情人最终却没能结成眷属。刘喜奎为什么不愿嫁给梅兰芳呢？后来她在一篇回忆录中披露了真情："当时我二十多岁，正所谓花容月貌、青春年少时，在艺术上也有一些成就，那些军阀阔少们，纷纷打我的主意。……看来不肯牺牲身体，就得牺牲艺术。"刘喜奎认识到中国京剧艺术的发展，不能没有梅兰芳，牺牲个人的爱情事小，葬送中国京剧的前程事大，所以她只有割断和梅兰芳的情缘，这样才能消除某些权贵借机陷害梅兰芳的借口，让他继续在京剧舞台上大放光华。

后来刘喜奎与对自己情深义重的崔承炽越走越近，最后两人同居了。到了民国十三年，孙宝琦任国务总理，另一位苦恋者陆绵任陆军总长，立刻就撤了崔承炽的差事。

崔承炽不敢在京城多留，星夜带刘喜奎到天津租界定居，靠刘喜奎的一些私蓄维持生活，一年后，刘喜奎生下一子，不久，崔承炽暴病身亡，谣言纷纷，都说是陆绵做的手脚。

陆绵以后多次托人向刘喜奎示爱，刘喜奎斩钉截铁地说："陆大人一心想要我做他的二房，教他做梦也休想，甭说是二房，就是明媒正娶当他的正房太太，我也不屑为之。咱们家从前固然穷些，却也是清白人家，而他呢？哼哼，不过是衙门口吹鼓手的儿罢了，他要是逼急了我，拼着一死也要同他干上，害得人还不够吗！还想怎么着？"

刘喜奎从此洗尽铅华，抚孤守寡，告别了她深爱的舞台。

抗战期间，日本侵略者探知刘喜奎隐居，重金礼聘，诱使刘喜奎去日本演出，喜奎严词以拒。她先后为河北灾民义演多次，所得酬金，全部捐献。一次安徽水灾，喜奎得知后，从自己积蓄中，捐献两千元银洋赈济。

新中国成立后，周恩来总理委托田汉多方寻找刘喜奎的下落，一见面，周总理就说：“你应该把技艺传给后人。”1950年，在文化部举行的宴会上，周总理亲自向她敬酒，称赞刘喜奎为“中国戏曲界的明珠”。在全国第一次文艺工作者代表大会上，周总理又和大家说：“刘先生不贪富贵，不图享受，所以她在旧社会能够这么坚强。”

中国戏曲学校成立后，增设地方剧科，刘喜奎被聘到中国戏曲学校教课，成为该校十大教授之一。1964年，这位当年名满华夏的伶界女王安详辞世，葬于八宝山革命公墓。

张作霖是如何长袖善舞纵横官场的？

在民国史上，张作霖无疑是个风云人物。1927 年 6 月 18 日，张作霖在北京就任北洋军政府陆海军大元帅，并组成北洋军阀统治时期第 32 届，也是最后一届内阁，成为北洋军政权最后一个统治者。由于张作霖不肯满足日本帝国主义的无理要求（包括开矿、设厂、移民和在葫芦岛筑港等），1928 年 6 月 4 日晨 5 时许，当张作霖所乘由北京返回奉天专列驶到皇姑屯附近的京奉、南满两铁路交会处桥洞时，被日本关东军预先埋好的炸弹炸毁，这位乱世枭雄身受重伤，当日去世，享年 53 岁。

张作霖纵横官场沙场，长袖善舞，其处事风格及用人识人之术，颇值得今人借鉴。

大节面前，毫不含糊

张作霖雄踞东北时，对日本人的各种要求均拒不合作。他对付日本人的办法也别具一格，一次，张作霖出席日本人的酒会，酒过三巡，一位来自日本的名流力请大帅赏字，他知道张作霖出身绿林，识字有限，想当众出他的丑。但张作霖抓过笔就写了个虎字,然后题款,在叫好声中,掷笔回席。那个东洋名流瞅着“张作霖手黑”几个字笑出声来。随从连忙凑近大帅耳边提醒:“大帅写的‘手墨’的‘墨’字,下面少了个‘土’成了‘黑’了。”哪知张作霖一瞪眼睛骂道:“妈那个巴子的!我还不知道‘墨’字怎样写?对付日本人,手不黑行吗?这叫‘寸土不让!’”

这番话如同给日本人当头一棒。在场的中国人恍然大悟会心而笑,无不扬眉吐气,日本人则目瞪口呆。这个“寸土不让”的故事也流传到现在,人们都打心眼儿里佩服这位黑土地上的民族英雄。

当时美国人在沪出版的英文报纸《密勒氏评论报》的主编鲍威尔曾采访过张作霖。这位美国人回国之后,在其所写的回忆录中,也表达了对这位出身卑贱的元帅的敬意。他认为尽管东北长期处在日本军阀的铁蹄下,但张作霖无愧一个爱国的中国人。

治家严谨　心装百姓

张作霖不仅有民族气节,而且治家严谨,给家里人定下规矩不少,家风甚好。他的小舅子在他身边当警卫,仗着大帅的名,在外面胡作非为,晚上闲来无事,居然拿路灯当靶子,把路灯全部打碎,市政建设的人知道这事很气愤,但是敢怒不敢言。张作霖听说这件事愤恨地说:“把他给我毙了。”手下顾及到张作霖的颜面说尽好话,要求从轻发落。当晚张作霖亲自执法。家人很不理解,几个灯泡碎了就换新的,怎么把人给枪毙了。张作霖说:“你们在家犯错,丢的是我张作霖的脸,但是在外面搞破坏,坏的是奉天城的风气。”以后大帅府里的人更加谨言慎行,没有人乖张闹事。奉天城的百姓知道了这件事,对张作霖更加尊敬。都说张大帅办事有自己的规矩，谁都不能违背。

当时张作霖的儿子张学良是第三旅的旅长，第三旅是独立旅，是张作霖的王牌军。张作霖身着便服在城里转悠，突然听见几个百姓，叹气说第三旅的人横行霸道，巧取豪夺。张作霖听到这里已经火冒三丈，回家见到张学良更是怒不可遏，破口就骂，骂了足有半个小时，张学良低着头不敢说话，大厅里掉根针的声音都能听见。最后，张作霖让张学良关禁闭三天，不许有人探望，按照规定办事，谁也不许说情，否则一起处罚。事情一传出去，整个军队都震撼了，一想到连少帅触法都躲不过严惩，谁都不敢再为非作歹了。

张作霖还不止一次对张学良以及东北军的其他重要领导说，不要想着糊弄老百姓，你糊弄老百姓，老百姓就糊弄你，到头来，老百姓反了，咱也就下台了。晚年张学良作口述历史时，也说过："我和我父亲从来不刮地皮。"帅府大青楼建成后，张作霖亲自在楼前的假山石壁上方写了"天理良心"四个大字，以使自己每天进院抬头就能看见这四个字。边业银行开业，张作霖在发行的钞票上印上"天良"印迹，明白昭示，不能坑害老百姓，办事要对得起良心。

民国初年，军阀割据，数不清的土皇帝在自己的势力范围无恶不作，无法无天，像张作霖这样能心里想着老百姓的还真不多见。

宽以待人 有容乃大

第二次直奉战争奉军大获全胜之后，段祺瑞执政府任命奉系将领杨宇霆为江苏军务督办、姜登选为安徽军务督办。当时孙传芳正盘踞浙、闽两省地盘，唯恐奉军对己不利，决定先发制人，突然率部向奉军驻地猛烈袭击。奉军因事前毫无防备，杨宇霆仓皇出走，总算逃得性命。

一年之后，孙传芳被国民革命军打垮逃回南京。不得已调头来，想乞援于张作霖。当时张作霖正驻在天津蔡家花园，孙传芳见张作霖时行晚辈大礼，连说对不起。张作霖抚慰说："过去的事不要提了。"杨宇霆当时也在蔡家花园，极力劝张作霖杀了孙传芳，以泄旧恨，根绝后患。

张作霖对杨宇霆说："你的气量要放大些，过去的事情又何必再提呢?历史上的人物，多半由于利用降兵降将，才能够成其大业。现在馨远（孙传芳字）因九江失败，力弱势孤，来投靠我们，我们如果怀念旧恨，乘机杀之，不仅要招天下人的笑骂，将来谁还肯归服我们，帮助我们，为我们用呢?这不等于拒绝贤路吗?"此事传到孙传芳耳中，孙传芳被感动得几乎落了泪，从此对张作霖感恩戴德，甘效犬马之劳。

郭松龄倒戈失败被杀后，郭松龄的手下人惊恐不安，人心惶惶，生怕张作霖追究。为缓和内部的紧张恐惧心理，张作霖举行了一次庆功宴。在觥筹交错、推杯换盏之时，宴会厅的大门突然大开，4 个全副武装的副官抬进来一只皮箱，放在地中央，然后敬礼说："报告大帅，这只箱子是从郭鬼子（郭松龄）军部搜出来的！"张作霖问："箱子里装的是什么东西？"一个副官大声地回答："报告大帅，这箱子里装的全是我们城里人私通郭鬼子的密件和信函！"张作霖环视四周，满脸怒气地说："竟有这样的事，好大的贼胆！"然后他又微笑着说："算了，算了。既然郭鬼子已经死了。事也就算了。其余的一概不究了。过去的就过去了，以后大家好好干！把箱子抬出去烧了吧！

这出好戏，一看就知道是张作霖一手导演的。但如此行事，无疑是十分聪明的，"首恶必办，胁从不问"，从而使这些参与者都从沉重的思想负担中解脱出来，更加紧紧地围拢在张作霖自己身边，为其效命。

张作霖手下的一个叫姜登选的师长曾讲过这样一件事：一个姓吴的旅长，做大豆生意，亏空了军饷24万元。这个旅长正在打算逃跑或自杀的时候，被张作霖知道了，马上把他叫去当面询问说："你最近有没有什么事？"旅长说是做大豆生意，亏挪了军饷。张作霖愤恨地指责他："你这小子有几个脑袋，你敢亏挪军饷，现在怎么办？"旅长说正想自杀，来生再报答大帅。于是，张作霖说："你这小子太没出息。一个人的生命，岂止值24万？你跟咱们做事，还怕没有钱用吗？你好好把军队带好，这笔钱我拨给你好了。"

不知这位旅长后来在战斗中仗打得怎样。任何一个人，都会感恩于上司对自己如此的知遇，为之浴血沙场直至流尽最后一滴血也在所不惜。

类似的事还有很多，像拦路向张作霖讨债、只认死理的新民商会会长姜雨田，张作霖不但不怪他在自己丧母期间擅闯禁地、拦马索债，还起用他为自己理财，官至边业银行副总。还有，力排众议，任用外号"整死净"的曾有翼担任奉天首任市长，提拔敢拿枪对着自己的帅府卫兵担任典狱长。

务实行事 重用干才

张作霖主政东北时，非常务实，曾大力网罗人才，先后寻求到了许多文武之才。在资金困难的情况下，创立东北大学，不惜重金聘请一流教授到东北任教，教师的待遇在全国首屈一指。最高时，教授的薪水在360—800元大洋。而当时南开大学教授是240元，北京大学、清华大学是300元，还常常欠薪。很多全国著名教授像梁漱溟、章士钊、梁思成等都到那里授过课。张作霖重视教育，为东北培养了多方面的人才。在短短的两年时间，东北就发生了明显的变化，这是其他军阀所没有做到的。人不怕没文化，就怕不重视文化；人不怕没知识，就怕不尊重知识；人不怕不聪明，就怕不会运用别人的聪明。

张作霖在东北还曾发展工业扩充军备，建立了中国当时唯一“海”、“陆”、“空”俱全的武力。大量引入山东汉人进入满洲，这一移民战略大大充实东北边疆，改变了东三省的人口、民族、文化格局，成为日后日本侵略此地时一大障碍，由于兵工厂的建立，东北军成为当时中国唯一一支拥有自主生产火炮和炮弹的军队，由于火炮生产的自主，使得东北军的火炮数量多，火力猛，炮弹充足，成为东北军相较于其他军阀部队的优势兵种。

做实事就得有干才。如何对待人才，也体现了张作霖的与众不同之处。张作霖起自草莽，常骂人，但对他重用的王永江从不说一句粗话。王永江是个善于智谋更善于理财之人。张作霖重用他。可王永江害怕有人在张作霖眼前说闲话，影响自己所定措施的实行，就委婉地向张作霖说起他的担心。张作霖对此掷地有声：“你只管干，我什么也不听！”

张作霖最初任用王永江为警务处长，王永江要求有完全的用人权，不受军人干涉，张作霖皆应之。王永江也不负众望，致力于全省警政改革，但张作霖的一班绿林好汉汤玉麟等皆不服，常推荐人到王永江处，王永江皆不用，于是汤玉麟等常进行捣乱和找茬，张作霖闻之大骂：“枪杆子能打天下，不会治天下，你们懂得什么？给王岷源（王永江）牵马扶镫都不配！”

一日，张作霖在老虎厅议事，提出要大家配合，不得捣乱，谁知汤玉麟依托救过张作霖，便当众辱王永江。岂料张大怒，厉声责之汤玉麟，汤玉麟几乎因之而发动兵变，然张作霖助王之意不移。后大学者胡适闻之，叹曰：“老张宁愿自己的老弟造反，而不肯减轻他对王永江的信任，这是他最不可及处。”

结果，在王永江尽心尽力的操盘下，不仅解决了当时的财政赤字问题，而且还使东北的经济大幅度地增加，为张作霖进军关内作出了巨大的贡献。

在张作霖对待王永江一事上，我们可看出领导者给干事的同志创造一个良好的环境、为其排除工作障碍，是多么的重要！只有上下齐心，才会真正做到大家想干事，干成事，干好事。

张作霖有一个航运公司，多年来经营不善，一直亏损。后来有一个小职员给张作霖写了一封信，提了些建议。张作霖看信后，对这个小职员大加赞扬，并且随即将这个小职员提为总经理，委他全权管理航运。身边人劝说："这个人咱们不了解，能不能办事不好说，仅凭一封信就委以如此重任，办砸了咋办？"张作霖说："我看这小子行，我看准的人错不了！"

果然，一年后，航运公司扭亏为盈，小职员带着一年挣的十万大洋面交张作霖。张作霖说："好小子，我没看错你，这十万大洋就奖给你了，好好干！"

杜月笙鲜为人知的四个侧面

提起有“三百年帮会第一人”、“上海皇帝”之称的杜月笙，人们头脑中就出现上海滩流氓大亨的形象来。本文探讨其鲜为人知的四个侧面，使其历史形象更为丰满些。

一、重视文化。杜月笙曾这样回忆童年：“当时一个月学费只有五角钱，可惜因为家里实在太穷了，读到第五个月，先母缴不出学费，只好停学。”失学儿童的痛苦经历，让他永生难忘。他虽是粗人出身，但很看重文化。成名后，他一直在努力提高自身文化修养，门厅高悬对联“友天下士，读古人书”，时时鞭策自己。然而毕竟识字少，无法去“读”，他就重金聘请高明的说书艺人长期为他讲《三国》说《水浒》，学习历史知识和古人处世方式；他勤练书法，签名写得相当漂亮；他非常注重仪表文明，不论天气多热，他长衫最上面一颗纽扣也从不解开，并禁止衣冠不整、赤膊袒胸的徒众出入杜门。

杜月笙还广结名流，许多文化界大名鼎鼎的人物如章太炎、章士钊、杨度、江一平、郑毓秀、秦联奎、陈群、杨云史、杨千里等，都是他的寻常座上食客，连同名震天下的大教育家黄炎培也是他的好友。

文化的熏陶，使杜月笙的整个气质脱胎换骨。著名老报人徐铸成回忆他年轻时第一次见到杜月笙的情景时说，他原本以为此人定会是青面獠牙，见了面才知道原来是位言谈举止都很斯文的瘦削老人。

二、重视教育。杜月笙对子女的教育高度重视，严格要求他们的学业，严禁他们沾染烟赌娼。儿子杜维藩高中时一次大考逃考，被他狠甩两个耳光；女儿杜美如一次外语考试成绩不佳，被他用鞭子责打十下。其八子三女都受到了良好的教育培养，至今活跃在海外商界，其子杜维善还是一位著名收藏家和古钱币研究专家。杜月笙还在法租界善钟路创办了一所正始中学，亲任董事长，聘陈群任校长；并在老家浦东耗资10万元，建起“浦东杜氏藏书楼”，附设学塾。

三、积极抗日。抗战开始后，杜月笙参加了上海各界抗敌后援会，任主席团成员兼筹募委员会主任。仅月余时间，杜月笙主持的筹募会就筹集到救国捐款一百五十余万元，有力地支援了前方的抗战。他筹集了大量毛巾、香烟、罐头食品用以劳军。“八一三”抗战后期，他得知驻守在四行仓库的谢晋元团缺乏食品时，仅用了一天时间即向谢团送去了20万张饼。他主动将杜美路的私宅借给财政部“劝募委员会”作办公地点，发动与组织上海各界力量认购了救国公债7500万元，几占全部发行量的1/6。杜月笙还弄到一些军中急需的通讯器材、装甲保险车送给中共将领，并应八路军驻沪代表潘汉年的要求，将从荷兰进口的一千套防毒面具，赠送给晋北前线的八路军将士使用。

杜月笙还直接参与了部分军事行动。“八一三”抗战爆发后不久，戴笠奉蒋介石之命与杜月笙合谋，利用帮会组织苏浙行动委员会。在苏浙行动委员别动队的五个支队中第一、二、三支队的司令均是杜月笙的门生，支队成员中有不少是因帮会关系而被拉去参加的。上海沦陷后，蒋介石为了阻止日本海军大规模溯江西侵提出了封锁长江的计划。杜月笙顾全大局，率先指令自己的大达轮船公司开出几艘轮船行驶至江面凿沉。在杜月笙的带领下，其他轮船公司也纷起响应，凿船沉江，阻塞了长江航道，迟滞了日军的进攻。

国民革命军撤出上海前，上海市各界抗敌后援会曾召开国民对日经济绝交委员会成立大会，通电全国组织对日经济绝交执行机关。杜月笙等27人被推选为绝交委员会执行委员。10月19日上海银行业根据绝交委员会的决议通知各行庄停止对日汇兑证券交易时，杜月笙主持的中汇银行、中国通商银行等单位一体照办。

上海沦陷后，杜月笙还以市各界抗敌委员会负责人的身份仍在租界内坚持了一段时间。他曾不惜巨资买了大量中共党组织设法出版的《西行漫记》、《鲁迅全集》等进步书籍，烫上“杜月笙赠”的金字送给租界内的各大图书馆，为广大市民提供抗日救亡的精神食粮。接下来，杜月笙拒绝日本人的拉拢，于1937年11月迁居香港。在香港，他利用帮会的关系，继续开展抗日救亡工作，从事情报、策划暗杀汉奸等活动。其中最著名的是，他在上海的门徒协助军统特务刀劈了大汉奸、伪上海市市长傅筱庵。杜月笙主持的上海敌后工作统一委员会采取各种办法迫使上海资产阶级的头面人物虞洽卿等人离沪赴渝，制止了黄金荣公开出任伪职，并成功地策反高宗武、陶希圣脱离了汪精卫汉奸集团。

四、看淡金钱。1949年后，杜月笙想去法国，希望蒋介石给他办护照。老蒋说，护照可以办，先交15万美元手续费。杜月笙仰天长叹，才明白天下最狠的流氓原来不是他姓杜的。杜月笙晚年，拿出多年来别人写给他的各种欠条，全部予以烧毁，并告诫后人不得追讨余债。其中光是王新衡就欠了杜月笙500根金条，还算是少的。杜月笙去世时，只留下了十万现金，每个老婆各拿一万，儿子一万，未嫁的女儿六千，已经出嫁的四千。据其女杜美如说，杜月笙去世前说的最后一句话是：“我没希望了，你们还有希望，中国还有希望。”

首揭汪精卫
叛国丑闻的新闻怪杰

1939年12月，汪精卫秘密离开重庆经由昆明飞抵越南河内，于12月9日在河内发表了臭名昭著的“艳电”，响应日本政府的近卫声明，向国民党当局建议“中日和平”，力劝蒋介石投降，声言日本政府的声明是和平的原则，国民政府应以此为依据与日本政府交换诚意，以期恢复和平。从此，以汪精卫为首的国民党亲日派公开投进了日本帝国主义怀抱。

以汪精卫为首的国民党党内亲日派脱离中央投日，对国民党来说，自然是一大丑闻。国民党最高当局当然不愿家丑外扬，于是便“严密封锁”消息，禁止媒体报道。重庆各报虽略知内幕，但身处“陪都”之地，在新闻管制的高压政策下，都无法揭露此事。

结果，第一个将这则惊天新闻公之于众的是民国新闻怪杰严怪愚，他是湖南《力报》采访部主任，当时正在重庆采访。

严怪愚本名严正，湖南邵东县人。早年上湖南大学时，常用严怪鱼为笔名发表抨击时弊的文章。此名来自他家乡的一种鲶鱼，此鱼习性古怪刁钻，故当地人常用“鲶鱼拐事”或“鲶拐子”来形容性情怪僻之人。严正取其谐音而用之。后来，有人指责他又怪又愚蠢。于是他索性以严怪愚为名了。

1935年，严怪愚从湖南大学经济系毕业，供职于湖南《力报》。1936年“三八”妇女节，二十六岁的严怪愚与大家闺秀姚家芳参加了长沙市政府举办的湖南第一次集体婚礼，这事在当时很轰动。姚家芳的父母极力反对女儿嫁给一个“穷书生”。但严怪愚不向反对势力低头，情愿托朋友向成衣店赊账为新娘子做嫁衣，亦不去讨好很有钱的岳父，其个性由此可见一斑。

严怪愚婚后半年多，曾与省府主办的《国民日报》打了一场“笔墨仗”：1936年10月19日，文坛巨匠鲁迅先生逝世，国民党政府竟下令禁止新闻界著文悼念。在严怪愚的力主下，《力报》挺身而出，冒着风险刊登了一系列悼念鲁迅先生的文章。其时，刚好段祺瑞也辞世了，当时在东南新闻界风头十足的《国民日报》主编罗心冰，就抓住鲁迅与段祺瑞两人的遗嘱大做文章，还出特刊追悼段祺瑞，与《力报》唱对台戏。罗心冰在一篇《随便谈谈》的文章中，说段祺瑞至死不忘国事，仍在为国家操劳，贬责鲁迅死也不忘个人恩怨，为儿女操心。因此，他得出结论说，“鲁迅之死不算得损失，段祺瑞之死才算得损失”。严怪愚马上在《力报》上撰文回驳，他写道：“鲁迅的遗嘱，我喜欢他的‘硬’，喜欢它刻毒而近乎实在……段祺瑞的遗嘱，我喜欢他的堂皇，口气足，虽然实际上做不到，事实上近乎夸大，可是到底可以给‘幻想’一点安慰。但我更爱鲁迅，因为他一生没有做过‘媚’的文章，他始终站在反帝反封建的前沿，为民众的觉醒而呐喊。的确，段祺瑞功在‘民国’，那么，鲁迅则功在‘国民’了。”

于是两人唇枪舌剑，你来我往，在报端上打起了笔仗，此番论战，严怪愚明显地占了上风。老报人罗心冰万万没想到自己会败在年仅26岁的严怪愚手里，他大骂严怪愚“领了俄国卢布”和“啃了俄国的黑面包”之余，只好央人斡旋调停，论战才告结束。

抗战开始后，爱国心切的严怪愚同范长江等一批热血青年记者，活跃在烽火连天的抗战前线。1938年春，他作为随军记者来到徐州大战的前线，同其他记者一起受到了第五战区司令长官李宗仁将军的接见。

在徐州前线，还发生过这么一件事：一次，严怪愚在阵地上捡到一根炮弹引线管，他不知是什么东西，拨弄了几下顺手一扔，结果“轰”的一声，震耳欲聋，等他清醒过来，发现右腿已被炸得鲜血淋漓了。一些士兵替严怪愚包扎伤口时取笑说：“严书生，怪愚，名不虚传。好在你命大，不然早就报销了！”他也忘了疼痛，跟着众人笑起来，说：“大难不死，必有后福啊！”

短短的两个月的前线岁月，他采写并发表了《凭吊台儿庄》、《陇海东线》、《我们新的长城——黄河防线》等十万多字的战地通讯，用他那饱蘸感情的笔锋，揭露了日本侵略军的野蛮行径，讴歌了中国军民英勇抗战的业绩，极大地鼓舞了全国人民的抗日斗志。

同时，严怪愚还冒着“倾共”嫌疑，毅然在《力报》上刊登了毛泽东的《论持久战》。不久，在武汉，由范长江、陈依非等人介绍，严怪愚毅然参加了共产党领导下的“青年记者协会”和“中国新闻社”。

以汪精卫为首的国民党亲日派公开投日时，国新社名记者范长江也在重庆，他得到消息后由于种种原因发不出去，情急之下，他想到了严怪愚，于是就将有关材料转给了严怪愚，说：“这可是全国乃至国际上轰动一时的丑闻和要闻，重庆各报均不敢发表。《力报》办在湖南，‘山高皇帝远’，老弟，你敢不敢斗胆捋虎须，把这个马桶盖揭开，以唤起全国民众的警觉！”

严怪愚浏览了一下材料后不禁拍案而起，大呼：“可耻！可耻！真是民族败类。日本帝国主义侵略我领土，杀戮我同胞，而今竟有人认贼作父，想将五千年文明古国拱手相让。我必须冒着坐牢杀头的危险，马上予以揭露。”

当晚，严怪愚就按捺满腔愤怒写成《汪精卫叛国投敌前后》一稿，连夜电发《力报》总部。主编陈楚收电后，翌晨即以头版头条刊登出来，这篇电讯稿一针见血地指出：“汪兆铭先生倡导的和平运动，是公开投敌的可耻勾当，也是片面抗战路线的必然趋势。日寇在华进行政治诱降，看来已初见成效；国人切不可等闲视之！”

严怪愚的这篇新闻稿一出，石破天惊，整个国统区都为之震动，群情激奋，纷纷要求严惩卖国贼。湖南省政府主席薛岳慑于重庆当局的恼怒，一时惶惶不可终日。因抓不到远在重庆的严怪愚，只有煞有介事的掩饰，忙登报谎称“严怪愚造谣惑众，诬连党国，在重庆捉拿归案枪毙了”云云。

但纸是包不住火的。半个月后，国民党当局也改变了策略，一脚踢开汪精卫，中央社和各报社才纷纷报道了汪精卫的叛国丑闻。国民党中央还宣布将汪精卫开除出党。这样，严怪愚和《力报》同仁才幸免于难。薛岳则转怒为喜，自鸣得意。他手下的文人政客们还厚颜无耻地吹捧道：“湖南最先刊登汪精卫已投敌的消息；证明薛主席有胆有识，政治开明；领导有方，抗战坚决……”（1984年，严怪愚病逝之后，香港报纸发表了一篇题为《中国八大名记者不屈不挠的一生——严怪愚猛捋汪精卫的虎须》的长文，追忆了这段往事。）

《力报》因捷足先登揭露了汪精卫的叛国丑闻，影响面迅速扩大，发行量由原来的三千份猛增到一万二千份。严怪愚因其果敢的壮举而赢得了“新闻勇士”的美誉。

此后，严怪愚还曾单挑“模范省”。事情是这样的：1939年秋，严怪愚从重庆回长沙，出任《力报》总编辑。当时国民党桂系大员自吹广西“模范省”，有“国防强大”、“建设繁荣”、“道德高尚”三大成就。于是，严怪愚怀着好奇心亲自入桂采访，写了篇《春草遥望近却无》的通讯，揭露某些人弄虚作假制造广西繁荣的假象，使所谓的“模范省”名誉扫地。文中说：“广西的国防确实很强大，省城桂林有一架进口的暂时还不能起飞的军用飞机足以证明；广西的建设确实很繁荣，不睁开眼睛就看不到衣衫褴褛的难民流入湖南；说到道德那就更高尚了，要在离城三五里的偏僻处才可以看到暗娼和抽大烟的，如此‘模范省’怪不得闻名遐迩了。”国民党军副参谋总长兼军训部部长白崇禧看了，竟在广西“扩大行政纪念周”上，指名道姓把严怪愚大骂一通，并扬言要捉拿严怪愚并把他枪毙。

严怪愚的所作所为，令一些党国大员极为恼怒，但又无可奈何，只好对他进行利诱，但都被他拒之门外。“政学系”在桂林创办《大公报》邀他加盟，他也拒绝，认为那会失去言论自由。然而，他对当时较弱小的中国共产党，却冒生命危险去同情和支持。1946年，国共谈判破裂，国府勒令中共代表团限期撤离上海。代表团启程时，迫于紧张的局势，各方人士都不敢在便衣盯梢下前往送行，月台上只有一个送行者，他就是严怪愚。第二天，上海《申报》消息称：“昨日中共代表团成员全部离沪，只有《东南日报》特派员严怪愚先生一人在风雪中送行……”

《晚晚报》因发表了严怪愚的一篇描写何键公馆黑幕的小说，就被当局查封，也使得他很久不能用严怪愚这个名字发表文章。1940年，湖南当局趁取缔八路军驻湖南办事处之机，诬陷严怪愚主持的《力报》“言论荒谬”、“协同‘八办’阴谋推翻政府”。于是，报馆被查封，三人遭捕，严怪愚被投入监狱达八个月之久。此举引起民众抗议，许多读者拒绝办理退订手续，要求《力报》复刊。出狱后，严怪愚即与冯英子找省党部书记廖维藩交涉复刊，廖同意复刊，但提出复刊后的《力报》必须听从政府指令。严怪愚即刻表态：“与其跪着生，不如站着死。”当即拂袖而去。后来，他们辗转到达湘西沅陵，在那里恢复了《力报》,还创办了《中国晨报》,使之成为西南抗战运动的舆论阵地。

1949年4月,白崇禧退据长沙,紧张地部署湖南防务,但对严怪愚的一“箭”之仇(指其揭穿广西“模范省”的檄文)仍然耿耿于怀,在他开列的“黑名单”中亲笔加入了严怪愚的名字。为了稳住严怪愚,白崇禧特意托人约请当时任《长沙晚报》社长的严怪愚与他当面谈谈。严怪愚料知凶多吉少,只得秘密回到老家邵阳暂避锋芒。

1949年8月,在衡宝战役中,一介书生的严怪愚加入湘中二支队,像战士一样居然也端起了汤姆逊冲锋枪,与桂系王牌军激战,昔日对桂系的口诛笔伐演变成真刀真枪的较量,这是正处溃败之际的白崇禧始料不及的,这是历史的黑幽默。

新中国成立后,严怪愚任湖南省邵阳专区土地改革委员会委员兼《工商晚报》编辑;1951年任湖南通俗读物出版社副主任兼编委主任。后任教于长沙一中、长沙师范专科学校。1984年3月1日,严怪愚谢世。

匪夷所思者——历史猎奇

宋代婚配奇观："榜下捉婿"

宋代的时候，有一个新及第的年轻举人，相貌堂堂，举止不凡，为一权势之家看中。揭榜之日，权势之家便派出十多个壮丁将青年簇拥至其家，该青年无奈，只好被裹挟着前往。不多时，一位着高官袍服的人来到青年面前，问道："我只有一个女儿，长得并不丑陋，愿意嫁与公子为妻，不知可否？"此青年深深鞠了一躬，推辞道："我出身寒微，如能高攀，固然是件幸事，要不您等我回家和妻子商量一下再说，如何？"围观众人见状哄堂大笑，随即散去。

还有一个叫韩南的人，刚考中了进士，很快便有人来向他提亲，问到他的年龄时，他苦笑地作了一首绝句："读尽文书一百担，老来方得一青衫。媒人却问余年纪，四十年前三十三。"其回答不可谓不幽默。这位韩南老先生在73岁的高龄仍会有绣球抛来，真是件趣事。

在宋代，这样的"榜下捉婿"的例子不胜枚举。所谓"榜下捉婿"，即在发榜之日各地富绅们全家出动，争相挑选登第士子做女婿，那情景简直就是抢，坊间便称其"捉婿"，宋人笔记对"榜下捉婿"多有涉及。一些富人为攀新科进士为婿，每每不惜重金，堪称人文史上奇观了。朱彧《萍州可谈》卷一载："近岁富商庸俗与厚藏者，嫁女亦于‘榜下捉婿’，厚捉钱以饵士人，使之俯就，一婿至千余缗。”

“捉婿”者中还不乏当朝高官。宋真宗时河北人范令孙登甲科，宰相王旦就把他招为女婿。有位新科进士叫高清，品学平平，宰相寇准却将自己的侄女嫁给他，寇女死后，另一位宰相李沆又将女儿为他续弦，时人称这些幸运儿为“天子门生宰相婿”。

当然，及第士人中也有不媚权势者，宋高宗时著名的“六贼”之一的奸相蔡京就在“榜下捉婿”时遭挫：他欲把女儿嫁给新科进士河南人傅察，傅婉拒，令蔡京大不快。宋仁宗时，颇得仁宗宠爱的张贵妃的叔父张尧佐看中了刚及第的冯京，就派人把他拖到家中，欲嫁小女于他，并冒称是皇帝的旨意，还摆出了丰厚的嫁妆，而冯京只是“笑不视，力辞”。“六贼”中的另一位朱勔在洪皓等待第三轮考试（殿试）时就要把自己的妹妹嫁给他，洪皓谢绝了他。登第后，朱勔再次向洪皓请婚，而且送给他大量的钱财，并许以显官，不过洪皓依旧是坚决拒绝了这门婚事。

宋代为何会出现“榜下捉婿”的婚配奇观，且这样的奇观还屡屡上演？刘继兴认为，这得从宋代文官地位说起。宋太祖时就有“不杀文臣”的条训与崇文抑武的国策，以后的宋代历任统治者都一以贯之，导致无论从物质还是精神意义上来说，宋朝都堪称文人士大夫如鱼得水的时代。他们多出身于庶族寒素之家，全凭个人奋斗才突破逆境，跻身于统治集团成员之列。

宋代的文官官俸高，接受的赏赐也重。不仅如此，还可以荫及家人，差科全免，成为社会上享有特权的“官户”阶层。连宋真宗赵恒都在诗中表达了这层意思：“富家不用卖良田，书中自有千钟粟；安房不用架高梁，书中自有黄金屋；娶妻莫恨无良媒，书中自有颜如玉；出门莫恨无随人，书中车马多如簇；男儿欲遂平生志，六经勤向窗前读。”

诞生于宋代的一组神童诗：“天子重英豪，文章教尔曹；万般皆下品，唯有读书高”。“少小须勤学，文章可立身；满朝朱紫贵，尽是读书人”。“自小多才学，平生志气高；别人怀宝剑，我有笔如刀”。“朝为田舍郎，暮登天子堂；将相本无种，男儿当自强”。“学乃身之宝，儒为席上珍；君看为宰相，必用读书人”。“莫道儒冠误，诗书不负人；达而相天下，穷则善其身”。更是将读书博取功名赢得远大前途渲染得淋漓尽致。

宋代是我国科举制度最完善的时期，考试取士为朝廷选拔官吏的主要途径，科举胜出者名利双收待遇丰厚，致使人们把赶考走仕途作为人生奋斗的终极目标而前仆后继，且乐此不疲。在唐代，士人取得功名后还要经过考试合格才有资格担任官职；到了宋代，只要是进士五甲以上就可直接授官，而且升迁的速度和级别之高也是其他途径入仕的人所比不了的。司马光与苏轼的恩师陈襄就曾在他的《仙居劝学文》里这样写道：“今天子三年一选士，虽山野贫贱之家所生子弟，苟有文学，必赐科名，身享富贵，家门光宠，户无徭役，休荫子弟，岂不为盛事？”宋代的高级官员中，科举出身者占了压倒优势。就拿北宋时期的正、副宰相来说，科举出身的人就占到了90%以上，南宋比例更高。当时评价一个家族兴盛与否，有无美好的未来，其中关键的一条就是看其有几人登科或几个女子嫁给士子。这样，金榜题名的士人自然就成了豪富之家择婿的首选，屡屡上演“榜下捉婿”也就不足为怪了。

历史上经历最奇特的皇帝

历代帝王中，经历最奇特的是南宋的宋恭帝赵㬎。他生逢乱世，四岁时在临安（今杭州市）登上皇帝的龙位，其时，南宋江山处于风雨飘摇之中。两年后他被元军俘往大都（今北京），降为元朝的臣子。在大都被幽禁6年后，又被迁居于上都开平（今内蒙古自治区多伦县西北），在开平又被幽禁6年后，再被遣入西藏为僧，竟然成为佛门高僧和翻译家，最后却因文字狱被杀。其曲折的生命历程，令人无法不为之感慨人生之无常。

凄风苦雨中登基

宋恭帝赵㬎（1271—1323），南宋第七位皇帝（1274—1276年在位），宋度宗次子。他是全皇后所生，是宋端宗赵昰之弟，宋末帝赵昺之兄，即位前封嘉国公、左卫上将军等，谥号恭帝。

在宋理宗和宋度宗统治时期，南宋的灭亡已呈不可逆转之势。宋度宗更是昏庸无能，若不是早早死去，他才是南宋真正的亡国之君。宋度宗在位时整天声色犬马，很少打理朝政。

朝政大权都掌握在奸臣贾似道手中。

当时蒙古的势力已经深入四川、云南等地，而襄樊则成为宋朝最后的抗蒙堡垒。宋咸淳三年（1267），蒙古兵团进围襄阳（今湖北襄樊）。

此时的宋度宗，把贾似道当作唯一的救星，对之言听计从。贾似道嫉贤妒能，遂把有才干的将领一一排除，牢牢掌握住全国军权。又建立秘密警察制度，隔绝皇帝的耳目，镇压人民的不满和反抗。他对襄阳被围的消息，一开始就严加封锁。一年之后，度宗才恍恍惚惚问贾似道："仿佛听说襄阳被围很久。"贾似道回答说："蒙古兵早就被我们击退了，怎么会有这种谣言？"度宗说："一个宫女这么讲。"贾似道不久就查出宫女姓名，随便找了个罪名就把她处死了。从此再没有人敢忧虑国事，任凭贾似道一手遮天。

贾似道一面封锁襄阳被困的消息，一面暗地里派兵赴援襄阳，但他不断派出的援军，均被蒙古军队一批批地吞食了。最后他命他最亲信的大将范文虎前往驰援。范文虎在包围圈外扎营，偶尔截击一下蒙古的巡逻部队，大部分时间都在欢宴享乐。

朝廷如此腐败，自然难解襄阳之危。襄阳军民同仇敌忾浴血奋战，竟然坚持了6年之久，最后粮尽援绝。到了咸淳九年（1273），蒙古兵团运来巨炮，一炮就把城楼轰碎，声如百万霹雳俱发。守将吕文焕望着临安痛哭，开城出降。

咸淳十年（1274），蒙古军队在大将伯颜率领下，攻陷鄂州，顺长江东下，南宋社稷岌岌可危。

就在这一年，宋度宗去世，留下三个未成年的儿子：杨淑妃所生的赵昰7岁，全皇后所生的赵㬎4岁，俞修容所生赵昺3岁。谢太后召集群臣商议立帝，众人以为杨淑妃所生赵昰年长当立，但贾似道和谢太后都主张立嫡子，于是赵㬎被立为帝，是为宋恭帝。

宋恭帝年幼，因此由其祖母太皇太后谢氏垂帘听政，但朝廷实权实际上仍掌握在宰相贾似道手中。

向元军投降后被掳去大都

攻陷鄂州后，蒙古军队主帅伯颜留下部分士兵守卫鄂州，自己率领主力部队，以宋朝降将吕文焕为前部，继续东下。沿江城池的守将多是吕氏旧部，元军所到之处，这些人纷纷归降，元军得以顺利地突破长江防线，于德祐元年（1275）春攻克军事重镇安庆和池州，兵临建康城下。

战略位置十分重要的鄂州陷落后，长江防线洞开，南宋朝野为之震惊，京师各界都把希望寄托于贾似道身上，要求他亲征。贾似道不得已，在临安设都督府，准备出征。蒙军的一路统帅刘整原系宋朝骁将，理宗末年，贾似道在武将中推行“打算法”来排斥异己，刘整受“打算法”迫害，被迫归降蒙古。贾似道对刘整的能力知道得一清二楚，由于惧怕刘整，他迟迟不敢出兵，直到德祐元年正月，听说刘整死后，他才高兴地说：“吾得天助也。”于是上表恭帝，请求出征。

奏表被恭帝批准后，贾似道便抽调各路精兵十余万，装载着无数金帛、器甲和给养，甚至带着妻妾，离开京城，阵势绵延百余里。到达前线之后，贾似道率后军驻扎于鲁港，命大将孙虎臣统领前军屯驻在池州下游的丁家洲，夏贵率战舰3500艘横列江上。贾似道深知蒙古军队的勇猛，不敢与之正面交战，于是希望通过称臣纳币求得和平。但此时元军的目标在于灭亡南宋，求和的请求被断然拒绝。两军交战，伯颜连续突破孙虎臣、夏贵两道防线，直抵鲁港，宋军大败，死者无数，江水为之变赤，贾似道仓皇逃到扬州，如丧家之犬。

战场惨败的贾似道成了众矢之的，朝野上下出现处死贾似道的强烈呼声。太皇太后谢氏却认为，贾似道勤劳三朝，不能因为一朝之罪，失了对待大臣的礼数，仅将贾似道贬为高州团练使，循州安置，并抄没其家产。行至漳州，贾似道于木绵庵为监押官郑虎臣所杀，结束了其擅权误国的罪恶生命。

鲁港之役后，伯颜率军继续沿江东下，德祐元年十月，元军自建康分三路向临安挺进。伯颜亲率中军进攻常州。

常州地处交通要道，扼守临安门户，战略地位十分重要，伯颜在此投入了 20 万军队，常州知州姚訔、通判陈炤等奋勇抵抗。伯颜驱使城外居民运土填充护城河，甚至将运土百姓也用作堆砌材料，最终筑成环城堤防。十一月十八日，元军总攻，两天后常州城被攻破，元军进行了野蛮的大屠杀，上万人被害，只有为数不多的人幸免于难。据《马可·波罗游记》记载，蒙古军第一次进攻常州时，常州人民诈降，放蒙古人进城，旋即来了个关门打狗把这些蒙古人全杀了。蒙古军第二次进攻，常州军民英勇抵抗，城陷后依然拼死巷战，青壮男人几乎全部战死，老弱妇孺遭到屠杀，全城数万人幸存者仅几名工匠（蒙古人认为留着有用）。

战争中最怕的就是摧垮人的意志，常州大屠杀果然产生了蒙古人侵者所希望的震慑作用，随后，当元军逼近平江时，平江守将未经接战便献城投降。

面对来势汹汹的蒙古铁骑，临安府内人心惶惶，大批人试图逃离都城，尤其是朝廷大小官员，为保身家性命，带头逃跑。德祐二年正月短暂的休战后，仅有 6 名官员出现在朝堂上。官员的逃跑瓦解了军心民心，使南宋王朝根本无法组织起有效的抵抗，皇室陷入了孤立无援的境地，徒唤奈何。

此时的南宋朝廷如果能够振作起来，任用贤臣，局势或许还可以扭转。但恰恰此时，朝廷却犯下另一个严重的错误，即任命陈宜中为相。正是这个陈宜中，使原本就风雨飘摇的南宋王朝走向了其生命的尽头。

陈宜中是一个外强中干、夸夸其谈之徒，他口头上喊出各种豪言壮语，谴责任何妥协退让的主张和行为，实际上却懦弱怕战，根本没有与元军决一死战的勇气和才能。德祐元年年底，局势在他主持之下，朝着越来越不利于宋朝的方向发展，除了彻底投降以外，已没有其他回旋余地。文天祥、张世杰提出迁都到东南部地区，以图背水一战，胆小的陈宜中否决了这项提议，一意求和。德祐二年正月十八日，谢太皇太后派大臣杨应奎向元军献上降表和传国玉玺，哀乞伯颜念上天好生之德，对南宋皇室从宽处理。元朝要求与宰相面对面会谈，陈宜中被这种要求吓破了胆，便再一次抛弃了太后和年幼的皇帝，于当天夜里逃之夭夭。

主持大局的陈宜中逃走后，蒙古铁骑兵临城下，南宋败局已定。谢太皇太后任命文天祥为右丞相兼枢密使，出使蒙古军营谈判。文天祥正气凛然，被伯颜扣留，谢太皇太后又派贾余庆出使。

二月初五，蒙古军队在临安皇城里举行了受降仪式，宋恭帝赵㬎宣布正式退位。三月二日，伯颜以胜利者的姿态进入临安。元世祖下达诏书，要伯颜送宋朝君臣速往大都朝见。

多情自古伤离别。无奈的恭帝只好同母亲全氏和少数侍从离开临安，踏上前往大都的路程。谢太皇太后因有病在身，并未同行，但不久也在元军的逼迫下启程北上。

南宋残余势力在福建、广东抗元。1279年，陆秀夫携年仅八岁的小皇帝赵昺在崖山蹈海自尽，南宋最终灭亡。

历尽劫波后被杀

宋恭帝赵㬎以及皇族的其他人员被掳到大都后，忽必烈召见了赵㬎，并封他为瀛国公。全皇后、谢太皇太后也都被封了爵位，基本上都得到了较好的安置。南宋不同于金国，蒙古人对南宋并没有直接的仇恨，金国被蒙古灭掉后，完颜皇家宗室被全部杀死，一个也没留。但南宋赵氏、皇亲投降了元朝后，都保全了性命。

在大都，赵㬎虽然仍然还过着衣食无忧的生活，但处处被监视着，寄人篱下的滋味很不好受。文天祥在谈判中被扣留后，偷偷逃回江南，并再次举兵反元，一时江南以至中原各地群起呼应。元军派遣40万大军进剿。两年后，文天祥在广东被元将张弘范俘虏。鉴于文天祥在民间的巨大影响力，忽必烈想招降他以安定人心。先后派张弘范、原南宋左丞相留梦炎招降都不成，只好把赵㬎叫去劝降文天祥。

身陷囹圄的文天祥看到幼小的“先皇”来到，情不自禁地痛哭流涕，跪倒在地，只说了四个字：“圣驾请回”。赵㬎一看这情形，呆在那里，也不知道该说些什么，连狱卒都为文天祥垂泪，招降之事只能不了了之。后来元朝丞相孛罗、忽必烈本人都无法劝降文天祥。文天祥后被押解到柴市刑场，引颈就刑，从容就义，年47岁。文天祥死后，忽必烈曾惋惜说：“好男子，不为吾用，杀之诚可惜也。”

春去秋来，光阴荏苒。元至元十九年（1282），已经12岁的赵㬎在北京被幽禁6年后，又被遣送到上都开平。在开平又被幽禁6年后，至元二十五年（1288），忽必烈赏赐他“钞百锭”，命令他出家，到遥远的吐蕃去学习佛法，其母全皇后也被令出家为尼。

赵㬎正式在西藏喇嘛庙里出家，得法号“合尊”，此后潜心学习藏文。由于天赋聪颖，赵㬎很快就在藏佛界崭露头角，在佛学方面造诣颇深，并担任过萨迦大寺的总持，成为当时西藏的佛学大师，他还成为了把汉文佛典译成藏文的翻译家，翻译了

《百法明门论》与《因明入正理论》,且在译书的扉页留下了题字,自称“大汉王出家僧人合尊法宝”,被藏族史学家列入翻译大师的名单,成为青史留名的一代佛学宗师。

元英宗至治三年(1323),赵㬎写了一首给他带来杀身之祸的诗:

寄语林和靖,梅花几度开?
黄金台下客,应是不归来。

这首诗充分表现了他对南宋王朝的思念之情,他想起了西湖孤山的梅花,想到了两百年前在那里栽种梅花的林和靖,“黄金台下客,应是不归来”十字,似乎想说明他是元人黄金台下的客人,受到的是礼貌的待遇,而并非是什么俘虏,不打算回临安去了,事实上是命中注定不可能回得去了,他这里很清楚自己的处境,“应是不归来”的应是二字,包含着“无可奈何”的感情,二十个字平淡中隐含着无限的悲戚之意,读来令人百感交集。

此诗触犯了文字狱。被元朝皇帝发现,大怒,遂下令于至治三年(1323)四月赐死赵㬎,这一年他53岁。从18岁到了西藏,至53岁身亡,算下来,他在西藏定居了35年,其间再也没有踏入魂牵梦绕的故园江南!关于宋恭帝赵㬎的结局,汉文《佛祖历代通载》有这一句:“至治三年(1323)四月赐瀛国公合尊死于河西诏僧儒金书藏经。”

李自成的百万大军为何遇清军一触即溃？

李自成最后失败的真正原因一直是个谜。百余年来，专家们对之的解释也是仁者见仁智者见智，有说败于不得人心的，有说败于骄傲自满的，有说败于腐化堕落的，有说败于红颜祸水的，等等，总之都不能令人信服。因为这些答案都不能解释一个问题：占领北京时，李自成的军队浩浩荡荡一百余万，为何进京40天后部队竟然仿佛突然间失去了战斗力——遇清军一触即溃，兵败如山倒，而且从此一蹶不振？

是这支部队的军纪涣散吗？非也。李自成治军有方，义军的组织性很强。是这支庞大的军队的物质力量跟不上吗？非也。李自成大军在北京通过肃贪追赃搞到了七千万两银子，相当于明朝的十年税收，至少可以在几年里实施“迎闯王不纳粮”而更深得民心，他有足够的财力可支撑他庞大的军队。

这就奇怪了，军费奇缺时李自成尚且能屡败屡战组织起百万大军，财大气粗后为何反而失去战斗力？为何撤出北京后再未组织起一次像样的战斗？要知道不屈不挠是李自成的显著特点，在以前的好几次战役中，他都是几乎全军覆没，一次只剩下十八人，一次只剩下五十多人，可李自成硬是凭着坚忍不拔的意志，竟一次次咸鱼翻身卷土重来，最后拥兵百万打进北京灭了大明。那么，进京后，是什么让李自成的元气丧尽？这个谜底究竟是什么？阅过《历史研究五十年论文集》中曹树基的有关科学论证一文后，我一下子豁然开朗了：原来李自成并非败于清军，而是败于当时肆虐横行的鼠疫！

明朝末年流行鼠疫。李自成进京前后，北京周边地区流行鼠疫，有一些文献对此有记载。鼠疫是一种烈性传染病，致病源为鼠疫杆菌。主要传播于人—跳蚤—鼠之间。其特征是淋巴结肿大，死者肤色发黑。研究表明，鼠疫每次传到一个新地区时，由于当地人和鼠以及跳蚤都没有抵抗力，其传染性强，死亡率高于 50%。有文献说，7 世纪欧洲首次鼠疫流行死亡率超过 70%。可见，鼠疫是一种极易流行的、死亡率很高的且很难控制的可怕疾病。

李自成军于农历三月进抵北京，有关文献记载崇祯十六年秋鼠疫已出现在北京一带，只因冬天气温低，鼠疫传播变缓，三月春暖花开，桃红杏白，跳蚤、老鼠开始趋向活跃，大规模的鼠疫自然爆发。由于鼠疫的传染死亡率很高，崇祯的御林军短时间内失去战斗力毫不奇怪。李自成因此未遇大战就占领了北京。李自成大军进京后感染了鼠疫，自然战斗力也大减，当然打不过清兵——尽管其数量远低于自己。并且败兵因此成了鼠疫传染源——文献记载“贼过处皆大疫”。因此李自成虽然此时财雄天下，可以大规模招兵买马，但新兵入伍即染鼠疫失去战斗力，兵力再多也没用，始终无法抵挡清军的虎狼之师。鼠疫蔓延军营，且长时间无法摆脱，李自成的精神遭受毁灭性打击，因此痛失江山并一蹶不振，“无可奈何花落去”。

由于军人是集体生活，所以鼠疫流行对古代军人的打击是毁灭性的。欧洲 14 世纪爆发鼠疫，死亡 2500 万人，其中有许多是军人。李自成的百万大军在十分肆虐的鼠疫面前，几乎是束手无策，只能坐以待毙。

那么,为什么清兵就没患鼠疫呢?欧洲人在研究14世纪欧洲鼠疫时从留下的壁画及文字中发现,在鼠疫大流行中只有骑兵幸免于鼠疫。于是得出结论:鼠疫经跳蚤传播,跳蚤讨厌马味,所以骑兵不被鼠疫传染!众所周知,八旗铁骑威震四方,清兵主要由骑兵组成,所以是不会传染上鼠疫的。尽管只有十几万军队,但未患鼠疫的清军战斗力自然在深受鼠疫困扰的李自成大军之上(虽然其数量远远大于清军)。

鼠疫是当时中国人不了解的新型烈性传染病,无人了解,无法救治,在这种自然条件下,明朝灭亡和李自成的失败不可避免。李自成的百万大军就这样土崩瓦解于鼠疫,估计这位雄才大略的起义领袖惨败致死时也留下了“天亡我也”的一声叹息。

努尔哈赤为何让爱女嫁有妇之夫？

努尔哈赤生有十六子八女。其爱女东果格格（后被册封为“固伦公主”）生于万历六年（1578）二月二十二日，不仅是长女，而且是努尔哈赤诸子女中之最长者。

然而，东果格格刚满10岁，就被父亲努尔哈赤做主嫁给了一个27岁的有妇之夫，做了其侧室。

作为一代盖世英雄的努尔哈赤，为何在女儿还没长大就这么着急地让其出嫁，还做人家的偏房？

原来，这是一场政治联姻，这个娶了东果格格的27岁的有妇之夫何和礼确非等闲之辈，当时是建州女真五大部落之一栋鄂部落的首领，只比努尔哈赤小两岁。此人的归顺，有利于努尔哈赤尽快完成统一女真的大业。

其时，努尔哈赤已用武力统一了建州女真族大部分地区，他与女真五大部落之一的栋鄂部之间虽然互有争战，但后来双方关系又大为缓和。努尔哈赤知道武艺高强、内敛而富谋略的何和礼所率的栋鄂部作战实力强，兵精马壮，因此一心想将栋鄂部招纳在自己的势力之下。万历十六年（1588）四月，努尔哈赤纳海西女真哈达贝勒王台的孙女纳喇氏为妃，欲前往迎娶，特邀何和礼率兵扈从，何和礼便亲率三十骑侍卫随行，两人得以长时间近距离接触。

何和礼早就敬仰努尔哈赤，认为其为女真一代豪杰，此番接触和晤谈中，他更感到努尔哈赤不但具有雄才大略，而且礼贤下士，将来必为英主。努尔哈赤要完成女真各部的统一，进而问鼎中原称霸天下，尤其需要栋鄂部的支持和何和礼这样难得的将才，而何和礼“性宽和，识量宏远”，则给他留下了极深的印象。如能将其招至门下，何愁大业不成？

扈从之行结束后，努尔哈赤将其请到佛阿拉（今属辽宁新宾永陵镇），并以贵宾之礼相待。两人纵论今古，推心置腹，均对女真各部纷争的局面表示担忧，努尔哈赤趁机向他表露出招纳之意，希望何和礼能与自己合兵一处，共图大业。何和礼慨然应允。何和礼返回栋鄂后，力排众议，毅然率领本部军民万余人马投奔努尔哈赤的驻地佛阿拉城，正式归附努尔哈赤。何和礼及栋鄂部的归附，使努尔哈赤实力陡然大增，如虎添翼，并为统一女真各部和对抗明廷奠定了坚实的基础。

对何和礼的归附，努尔哈赤十分开心，他授予何和礼为一等大臣以示恩宠，还采取了和亲的怀柔政策，特将自己的长女东果格格册封为“固伦公主”，嫁给何和礼为妻，并为他们举行了隆重的婚礼。东果格格乃努尔哈赤和元妃佟佳氏所生，时年只有十岁，被努尔哈赤视若掌上明珠，将其屈尊嫁给已为人夫的何和礼，足见努尔哈赤对何和礼的喜爱和器重。

何和礼本有妻室，其元配夫人赛堪不仅长相漂亮，还骑射一流，擅长统兵征战，早年她没出嫁时就担任过牛毛寨酋长，与何和礼成亲后，立即被推选为栋鄂城的女首领，专门管理本城的妇女工作。她在栋鄂部的威望不在何和礼之下。听说丈夫在外又娶了别的女人，赛堪十分愤怒，于是率领留在栋鄂部的人马，杀向佛阿拉城，要与何和礼决战。何和礼听说妻子前来，便率人马出迎，并向妻子说明缘由。可是妻子根本不听丈夫的解释，竟然要以兵戎相见。努尔哈赤对赛堪诚恳地说："我把女儿聘给何和礼不仅是为了儿女私情，而是要通过联姻的方式把我们的部落联合起来。我不想霸占你的丈夫，你还是大福晋，东果就算个侧室吧！你把她当个妹妹看就行。"

经过努尔哈赤的当面劝谕，何和礼的妻子赛堪不仅罢兵，而且也归顺了努尔哈赤。何和礼与努尔哈赤成翁婿后，自然也就成了努尔哈赤的亲信，人们都称其为"栋鄂额驸（额驸即驸马）、"固伦额驸"。

此后，努尔哈赤对何和礼信赖有加，每处理军政大事，必先与何和礼密议，然后再付诸实施。何和礼老成持重，足智多谋，很少有失误之时，因此努尔哈赤嘱其不离左右以议军机。为了方便工作，努尔哈赤特命在赫图阿拉城内北城城墙外的高埠台地上，为何和礼营造了额驸府。额驸府在通向内城墙之外设有小门，可直入城内，而且额驸府的选址又紧临努尔哈赤的汗宫大街门和后宫。这样，便于何和礼随时可面见努尔哈赤。

万历三十三年（1605），努尔哈赤初定旗制，何和礼率所部隶红旗，并任本旗总管大臣。万历三十六年（1608），努尔哈赤派长子褚英、侄阿敏率五千兵马征讨乌拉，何和礼率部随征，破敌有功，特别是在宜罕阿麟（今吉林市）之战中，建州兵马大败乌拉兵，斩杀千人，获甲三百副，最后攻克了宜罕阿麟城。万历三十九年（1611）十二月，何和礼奉努尔哈赤之命，与额亦都、扈尔汉率两千兵马，远征东海女真渥集部的虎儿哈路，进围扎库塔城，最后攻破该城，共斩杀一千余人，俘获两千余人。扎库塔城被攻下后，周围各路慑于建州兵马的威势，纷纷投降归顺，何和礼命他们的首领土勒伸、额勒伸带领其民众五百户，随军来到赫图阿拉。这次远征全胜而归，使建州女真统属的势力范围一直延伸到黑龙江、乌苏里江一带。

何和礼追随努尔哈赤南征北战功勋卓著，却受到努尔哈赤长子褚英的欺凌。褚英心胸狭窄，特别忌恨几位弟弟和五大臣，并放言说，如果弟弟和五位大臣不听他的话，将来就要被杀掉。何和礼便与各位大臣写一份举报褚英为非作歹的情况汇报呈给努尔哈赤，结果褚英受到努尔哈赤的斥责和疏远，最后被处死。由此也可看出努尔哈赤对何和礼的信任。

乌拉部长布占泰违背誓言，意欲与叶赫等部联盟时，何和礼力主出兵乌拉部，并提出了请努尔哈赤亲自督率建州兵马征伐。在何和礼的建议下，努尔哈赤率何和礼等众将和三万大军亲征乌拉部。在建州大军压境的情况下，努尔哈赤对布占泰犹存招顺的希望，等待着他能归降，令其改过，然后撤军。

布占泰一面派使者向努尔哈赤请罪，一面又亲率三万乌拉兵马前来抵御，全部步行列阵。这时，何和礼与众将坚请出战，他说："我军远道征伐，利于速战速决，只是担心乌拉不出兵罢了。现在他们既然列阵以待，我军可利用这平原旷野，一鼓作气将其擒杀。如果错过了这个歼敌的机会，那么我军厉兵秣马，到底是为了什么呢？"在何和礼等诸将的要求下，努尔哈赤方命将士舍骑步战。何和礼随努尔哈赤身先士卒，冲向敌阵。一时间，矢如风发电落，声似狂飙雷鸣。建州兵鼓勇奋击，乌拉兵亦拼死力敌。经过激烈搏杀，乌拉兵马遭到重创，死伤十之六七，剩余的都纷纷逃散，建州兵马乘势攻下乌拉城。布占泰只身逃往叶赫，乌拉从此灭亡。

万历四十三年（1615），努尔哈赤正式建立满洲八旗制度，何和礼及所部被编入正红旗，隶属于努尔哈赤次子、正红旗旗主贝勒代善。次年正月，努尔哈赤建立后金国，改元天命，设置议政五大臣，同听国政，何和礼、额亦都、费英东、安费扬古和扈尔汉位列其中。凡军国大事，先由五大臣拿出处理意见，再交四大贝勒复核。

何和礼和额亦都、费英东、安费扬古、扈尔汉一起作为努尔哈赤的“开国五大臣”，忠心耿耿可昭日月，跟随努尔哈赤起兵一直到死，始终团结一致，没有发生过分裂，为大清开国立下了汗马功劳。

天命四年（1619），何和礼率部参加了标志着后金政权的崛起、奠定了大清之基业的萨尔浒大战。在此役中，何和礼及所部兵马起了至关重要的作用。有史料称“萨尔浒之役，率败明师者，皆公（指何和礼）之力也”。天命六年（1621），后金兵马接连攻克沈阳、辽阳，“何和礼皆在行间”。据《满文老档》记载，此时的何和礼辖有浑河音格五个牛录，博尔辉五个牛录，雅尔瑚、苏完八个牛录。粗略估算，当有五千四百名军士。后金攻下沈阳、辽阳二城后，何和礼又以战功被授予世职三等总兵官。

何和礼追随努尔哈赤征战三十六年，勤劳政事，驰骋沙场，在后金崛起中居功至伟，深为努尔哈赤所倚重。天命九年（1624）八月，何和礼因积劳成疾，病逝于官署之中，享年64岁。何和礼去世时，五大臣中的其他四位已病故在先，仅何和礼尚参与后金的军机大事。

努尔哈赤为失去何和礼这样的忠勇大臣而痛惜不已。何和礼死后备极哀荣：清太宗时，追封何和礼为三等子。顺治十一年（1654），追谥何和礼为“温顺”，并勒石记功。内有“追述往事，轸念前勋”，称赞何和礼“乃能益励忠诚，封疆攸赖，始终尽瘁克襄王室”。雍正八年（1729），加封号“勇勤”。其妻东果格格于顺治九年（1652）七月卒，享年75岁。

清太宗皇太极的奇特婚姻

清初的皇帝们，其婚姻充满了政治色彩。努尔哈赤的妻妾见于史籍记载的共有十四人。其中七位妻妾的纳娶，是政治联盟的结果。而其余的妻妾，也大多来自不同的部落。清初满蒙政治联姻盛行，皇太极有名号的后妃共有十五人，在这十五位后妃中，有七位来自蒙古草原。其中地位最为尊贵的“崇德五宫后妃”，全部是蒙古族女子，并且有两位是寡妇。更有三位出自科尔沁部，莽古思一门姑姑侄女三人同嫁一夫皇太极。皇太极的婚姻之奇还不止于此，他还曾令已经为他生过两个女儿的侧妃博尔济吉特氏改嫁他人。

那么，贵为天子的皇太极为何娶俩寡妇呢?原来，这两个女人的身份很特殊，她们都是众蒙古部落之主察哈尔林丹汗的妻子，她们是在林丹汗死后来投奔皇太极的，先后在后金天聪八年（1634）和天聪九年（1635），被皇太极纳入宫中收为己有。

1632 年，皇太极亲率八旗大军会同蒙古诸部，大举进攻林丹汗所部察哈尔军，激战之下，林丹汗所部伤亡大半，林丹汗大败后逃往青海草原，两年后的 1634 年，众叛亲离的林丹汗病死在青海，他的部下逐渐土崩瓦解，他的福晋们也开始寻找自己新的归宿。

1634年8月，林丹汗的后妃之一窦土门福晋，率一行人到皇太极的军营行幄，表示归顺，并选择了木湖尔伊济牙尔地方暂时驻牧。其实当时窦土门福晋很想嫁给皇太极，只是自己无法启齿。

善解人意的大贝勒代善见状，自然明白来者的心意，便到皇太极面前说，此女乃上天所赐，应该把她纳为妃子。

窦土门福晋楚楚动人，皇太极对这位送上门来的美丽女子也很中意，只是担心外界会说他们发动的这场战争是为了夺人家的妻子，名声不好，故而再三推托。大贝勒代善忙说："不会，相反，我们这样做，还会争取一部分蒙古人投降，成为我们的盟军。"而贝勒们也认为这样做，有利于收降林丹汗手下部众，这也是政治上的需要。

皇太极动心了，考虑了三天后，最后决定娶窦土门。皇太极还对诸贝勒大臣谈到了他的一次奇遇：他一次行军途中驻跸于纳里特河时，曾有一只雌雉飞入他的御幄。在他看来，这就是美女入帐的"吉兆"，窦土门福晋来归嫁是"天作之合"，既然是上天的旨意，那就要接受了。皇太极于是派巴克什希福等前往迎接，护送窦土门福晋的多尼库鲁克非常高兴，说他们此来的目的，就是为送福晋给皇太极的，说完望天拜谢。多尼库鲁克的使命完成了，他也归降了皇太极为其效忠。

在皇太极纳娶窦土门福晋后不到一年，1635年3月，林丹汗的多罗大福晋，即嫡妻囊囊太后娜木钟率领一千五百户部众来归；4月，林丹汗另一个大福晋苏泰太后和她的儿子额哲，即林丹汗的继承人，又率一千户部众来投，并献上历代传国玉玺；随同两位尊贵太后前来的还有林丹汗另两位侧室福晋伯奇太后、俄尔哲依图太后及林丹汗的妹妹泰松公主等。

在这些女子当中，如果论资格地位，囊囊太后排在第一位，她不仅出身蒙古郡王之家，而且是林丹汗的"正宫娘娘"。那么，让谁来娶尊贵的囊囊太后呢？

当然只能是地位最高的皇太极。皇太极开始时也是推辞此事。但在众贝勒的坚持接纳之下，皇太极只好答应了，将其迎入城内隆重迎娶。

由于娜木钟地位尊贵，故在1636年，即清崇德元年册封后妃时，被封为西宫麟趾宫贵妃，而比她早一年归嫁皇太极的窦土门福晋，因地位不及娜木钟，被封为次东宫衍庆宫淑妃，而早在1625年就已嫁给皇太极的原西宫妃布木布泰，则退居为次西宫，封永福宫庄妃。

蒙古的科尔沁部归附后金最早。科尔沁部左翼首领、明安贝勒之兄莽古思于1614年将女儿送与皇太极为妻，这就是皇太极的中宫皇后孝端文皇后，也称为哲哲皇后。满蒙联姻，进一步促进了其政治上的稳定关系。1629年，皇太极起兵征明，科尔沁部二十三位贝勒率领部众追随，为击败明军立下了赫赫战功。

1625年，科尔沁贝勒宰桑之子吴克善送呈妹妹布木布泰与皇太极为妃，即后来在历史上大名鼎鼎的庄妃。宰桑贝勒是莽古思之子、中宫皇后的兄弟，因此庄妃是皇太极中宫皇后的亲侄女。庄妃是顺治皇帝福临的生母，她一生经历清初三朝，正是由乱到治的关键历史时期。她全力辅佐皇帝，对调和清宫内部矛盾和斗争，稳定清初社会秩序，为促进国家的统一作出了重大贡献。后世称之为“清代国母”。

1634年，吴克善又送一妹至沈阳与皇太极为妃，这次送来的是庄妃的胞姐海兰珠，被皇太极纳为宸妃。至此，莽古思一门姑姑侄女三人同嫁一夫皇太极。

宸妃海兰珠是皇太极的最爱，他以《诗经》中象征爱情的诗句：“关关雎鸠，在河之洲，窈窕淑女，君子好逑”，将宸妃居住的寝宫命名为“关雎宫”。宸妃的地位在五宫中位居第二，仅次于其姑母孝端皇后。但天妒红颜，宸妃海兰珠在 33 岁就病故了。皇太极为此悲恸欲绝，寝食俱废，乃至昏死过去，经紧急抢救，才渐渐苏醒过来。皇太极为宸妃举行了隆重的丧礼，赐谥号为敏惠恭和元妃，这是清代妃子谥号中字数最多的。

自从失去宸妃，皇太极朝夕悲痛，饮食顿减，身体每况愈下，还常常“言语无绪”。后来，诸王大臣请他到蒲河射猎，借以消愁解闷。不想，路过宸妃墓，触景伤情，又引得他大哭一场。宸妃死后不到两年，皇太极也命归九泉了。皇太极对宸妃这种真情笃意，在历朝皇帝中都是少见的。

清政权初期，儒家的那一套尚未完全占领其执政者的头脑。在皇太极的后妃中，一个已经为他生过两个女儿的侧妃——蒙古扎鲁特部代青贝勒之女博尔济吉特氏却被皇太极命令改嫁他人，嫁给了叶赫部的德尔格尔台吉之子南褚为妻。史载：“汗之第三福晋扎鲁特部巴雅尔图代青之女因不合汗意，给了叶赫部的德尔格尔台吉之子南褚。”皇太极作为一代帝王，却做出令自己的妾妃改嫁的事情，令人匪夷所思，这在中国的封建帝王中是罕见的。

拥有法国妻子
英国情人的晚清牛人

“他身着漂亮的紫色长袍，高贵地坐在椅子上。他有一副饱满的面容，年轻而快活，面带微笑，露出漂亮的牙齿。他身体健壮，声音低沉有力又清晰明快。这是一次风趣幽默的精彩演讲，出自一个男人和高贵种族之口，非常法国化，但更有中国味。在微笑和客气的外表下，我感到他内心的轻蔑。他自知高我们一等，把法国公众视作小孩……听众情绪热烈，喝下全部迷魂汤，疯狂鼓掌。”这段话选自享誉世界的法国大作家罗曼·罗兰1889年2月18日写的日记，日记中的这位中国人名叫陈季同，正应邀在巴黎高等师范学院作演讲。罗曼·罗兰当时是高师学生，参加了这次演讲会，为我们留下了这段难得的记录。

陈季同是晚清人杰，其婚姻与感情生活颇为传奇，他的法国妻子曾为他的英国情人醋海兴波，差点决斗。

在十九世纪八九十年代的欧洲，陈季同是最有影响的中国人之一。在清末文人中，没有人比陈季同在西方更出名。他用法文写的书在法国多次再版（有的再版十余次），被译成英、德、意、西、丹麦等多种文字，在欧洲产生了广泛而深远的影响。他频繁出入欧洲外交界和文化界的沙龙，应邀作各种演讲，与德、法上层社会多所交游。陈季同在欧洲的出色表现，写下了晚清中西文化关系史的重要一页。他还是 1891 年 4 月法国《画刊》杂志封面人物，此杂志现藏于法国国家图书馆。据《福建通志·列传·陈季同传》记载："西人梯航之来中国者，莫不交口称季同。"

陈季同（1852—1907），字敬如，号三乘槎客，福建侯官人。1867 年考入洋务派官员左宗棠、沈葆桢创办的福州船政学堂"前学堂"学习"造船专业"。前学堂又名法文学堂，教师多为法国人。他学习用功，资质亦佳，所以"历经甄别，皆冠其曹"。1875 年年初，船政第一届学生毕业。陈季同与魏瀚、刘步蟾、林泰曾等人，以"在学堂多年，西学最优"，被船政局录用。同年 3 月，随法人日意格赴欧洲采购机器，游历英、法、德、奥四国，一年后回国。

1877 年 3 月 30 日，福建船政局选派三十五名学生，从福州起程赴欧洲学习，这是清政府首次派遣赴欧留学生。在这些青年中，有后来大名鼎鼎的严复、马建忠、刘步蟾、林泰曾、邓世昌、萨镇冰等人。而陈季同在这次赴欧时的身份，已提升为文案，远较这批留学生高出许多。到法国后，陈季同进入法国政治学堂及法律学堂，学习公法律例。

1878 年，陈季同充当清政府驻英法公使郭嵩焘的法文翻译。郭嵩焘是中国历史上第一位驻外国的外交官。他对年轻的陈季同评价甚高，认为陈"再经历练官场，中外贯通，可胜大任矣"。而陈季同果然没有让郭嵩焘失望，几年后，他在外交界就崭露头角了。当时的《北华捷报》有文章形容："在他之前，中国使馆形同虚设，仅仅充当一个拖着长辫、身穿蓝袍、头皮光光的大人物的住宅。从外交角度，坦率地说，因为有了这个年轻翻译的活动，中国才开始在欧洲崭露头角。"

陈季同的外交官生涯最初一帆风顺。他天性活泼开朗，兴趣广泛，且待人热情，善于结交，因而很受欧洲上层社会的欢迎，还与其中一些人建立了友谊。

德意志皇帝弗雷德里希三世对这个年轻的中国外交官颇为青睐，曾经邀请陈季同一同骑马散步。二人在马上讨论过社会科学、政治、经济以及文学问题。弗雷德里希三世当时倾向自由主义思想，陈季同与他的讨论可以不受束缚地进行，二人自由交换对各种问题的意见。陈季同广博的知识，东方人的独特视角，加上流利的法语，赢得了弗雷德里希三世的尊重。

德国首相俾斯麦也是陈季同的朋友。在中法战争期间，陈季同曾争取到这位“铁血宰相”的暗中支持。

在与陈季同交往的欧洲政界人物中，法国政治家、曾任众议院议长和总理的甘必大对他影响较大。这位第三共和国的缔造者对年轻的中国外交官相当赏识，经常邀请陈季同出席他的政治沙龙。他很愿意倾听陈对政治、哲学及文学发表的见解。陈季同在甘必大的沙龙中，获得了不少关于民主、共和的知识，这对他归国后的一系列维新活动产生了明显的影响。

利用自己在欧洲政界广泛的社会关系，陈季同在中俄伊犁问题和中法战争的交涉中，都发挥了不容忽视的作用，扩大了中国的国际影响。

在法国留学时，陈季同与一位美丽的法国少女莱玛赫结婚，一同回到中国。新婚不久，他竟然又喜欢上了一个英国籍的歌女。法国妻子莱玛赫得知后怒不可遏醋意大发，多方察访，终于打听到了这个英国歌女住在上海虹口租界。于是在一天清晨，莱玛赫顺手从抽屉里拿出丈夫的手枪放在风衣里，一路走到那个英国歌女的住所。当时，英国歌女正在梳妆，而陈季同正躺在情人的沙发上读报。只见莱玛赫怒气冲冲地闯进来，表明身份后就掏出手枪要求决斗。英国歌女自知理亏而默然不语，任莱玛赫责骂。而陈季同看到这一场景，非但没有调停的意思，反而哈哈大笑觉得有趣，其放荡不羁可见一斑。后经亲友调停，这场风波终于停息了。在之后的婚姻生活中,风流的陈季同虽常有出轨之事,却与法国的结发妻子莱玛赫恩爱至老,彼此不离不弃。

陈季同在欧洲的外交活动结局很令人遗憾。1891 年,由于私债纠纷,陈季同被清政府撤职,黯然回国。虽然次年他又被官复原职,但他从此再也没有踏上欧洲一步。

作为一名外交官,陈季同虽然黯然离欧,但是作为一个作家,他的著作取得了辉煌的成绩,长久地留在了欧洲。陈季同通晓法文、英文、德文和拉丁文,特别是法文造诣在晚清中国可谓独步一时,于西方文化也有较深入的了解,同时又有深厚的国学修养。在陈季同之前,欧洲还没有出版过中国人用西文写的书,陈季同是第一个出版西文著作并获轰动影响的中国人。陈季同一生用法文写作了八部作品, 分别是《中国人自画像》、《中国人的戏剧》、《中国故事集》、《中国的娱乐》、《黄衫客传奇》、《巴黎人》、《吾国》、《英勇的爱》。除了最后一部外,其他著作都在巴黎出版。1884 年 7 月,《中国人自画像》在巴黎出版,时值中法战争,法国公众对于中国因缺乏了解而充满敌意。此书将一个文化悠久、风景如画、飘溢着清茶芬芳的东方古国直接展现给法国读者,在很大程度上改变了他们对现实中国的偏见。书出版后引起轰动,年内再版五次,两年内已印至第十一版。法兰西第三共和国政府因此授予陈季同"一级国民教育勋章",表彰他所做出的文化贡献。陈季同的《黄衫客传奇》是目前所知第一部中国人以西文创作的中篇小说,远早于林语堂的同类作品。

1897 年,陈季同与其弟陈寿彭在上海合办《求是报》。他从创刊号起,一直担任"翻译主笔",译介西学,连载其所翻译的法典,宣传维新思想,颇具影响。先后刊登过《法兰西民主国立国律》(又作《拿布仑立国律》)、《拿布仑齐家律》、《法兰西报馆律》等十二篇。据《福建通志·列传·陈季同传》记载，陈季同“精熟于法国政治并拿破仑律，虽其国之律师学士号称老宿者莫能难。”

陈季同翻译出版了雨果的小说《九三年》及剧本《吕伯兰》、《欧那尼》、《银瓶怨》，莫里哀的《夫人学堂》及左拉的《南丹与奈依夫人》等著名作品，成为近代中国“译介法国文学的一位卓有成就的先驱者”，是我国研究法国文学的第一人。

晚清文学名著《孽海花》的作者曾朴称陈季同是他学习“法国文学的导师”，说自己译介外国文学的活动，乃至“发文学狂”的主因，“大半还是被陈季同先生的几句话挑激起来”。英国大汉学家翟理思等人，就称赞他法国语文知识极为广博，说他谈起法国当时的各文学流派及其优劣得失来能如数家珍。

1898年，陈季同支持创办了近代中国第一所女学堂——上海中国女学堂，其妻法国人莱玛赫为学堂的洋提调，起草了“中西合璧”的日课章程，夫妇俩均对现代教育做出了贡献。

20世纪初，陈季同还曾在南京主持翻译局。有记载说他“每当译书时，目视西书，手挥汉文，顷刻数纸”。中西学功底深厚的他，翻译出手如此之快，堪称译界奇才。

纳外国公主为妾的晚清大商人

晚清时代,积贫积弱的旧中国遭遇了“三千年未有之大变局”。然而就在这样风云激荡的历史大变革时期,也涌现出了一大批奇才,陈芳就是其中之一。

陈芳的一生很传奇。他曾经被两位世界级的大文豪写过,1909 年,美国著名作家杰克·伦敦在他的《夏威夷故事》中讲述了华人富商陈芳的故事。时隔数年,马克·吐温又把陈芳记入了他的七篇报道之中,后来结集成《发自夏威夷的信札》发行。1964 年美国百老汇上演了一出名为《十三个女儿》的歌舞剧,讲述在一个庞大的华商富豪家庭,父亲是如何为自己十三个华洋混血的女儿一一找到如意郎君的故事。因为情节独特生动,此剧直到 1993 年仍在百老汇上演,而这出歌舞剧的主人公原型就是陈芳。美国建国二百周年评选百位对美国最有影响的外籍人士,陈芳赫然名列其中。

陈芳的皇室之恋则更为传奇,他纳夏威夷皇室公主朱丽亚为妾,在那个华侨被称为猪猡的年代,为当时社会地位极低的海外华人挣足了面子。

陈芳,字国芬,珠海市前山镇梅溪村人,生于 1825 年,卒于 1906 年。第一次鸦片战争后,陈芳离家到香港、澳门等地学习经商，1849 年，24 岁的陈芳随叔父到檀香山经商，从商店学徒开始，后自立门户，经营甘蔗种植和制糖业。当时，美国南北战争爆发，由于战争，南方切断了北方蔗糖的供应，糖价暴涨。夏威夷土地非常适合种甘蔗。陈芳目光敏锐，抓住机遇，将大量蔗糖倾销到北方，获利丰厚，成为华侨第一位百万富翁，名扬夏威夷，被誉为“糖业巨子”、“商界王子”。

在夏威夷华人商会中，陈芳是唯一既中过秀才又懂英文的儒商，所以，大家都推举他做商会会长。陈芳认识到华人必须争取政治地位的改善，才能摆脱当时三等公民的不利地位。1856 年，当时的夏威夷国王举办婚礼大典，陈芳出巨资为国王举办了一次规模巨大的豪华舞会，因此一步踏入上流社会。接下来陈芳又与夏威夷皇室公主朱丽亚相爱，并在檀香山风景最优美的土地建了当时最豪华的中西合璧式别墅与公主双宿双飞（由于陈芳已有结发妻子李杏，所以公主的身份只能是妾）。他又凭借雄厚财力助公主的义兄卡瓦卡努登上国王宝座，自己也以皇亲国戚的身份成为枢密院（立法院）议员。

不仅如此，陈芳还资助国王出访中国，拜会李鸿章，1880 年，陈芳被大清光绪皇帝任命为中国第一任驻夏威夷商董，1881 年，在陈芳的努力下，中夏建立外交关系，陈芳被任命为领事，官及二品。由于他的地位提高，夏威夷华人也从此享受领事保护权。作为著名的华侨领袖，陈芳还促使夏威夷王国通过了多项保障华人权益的法案。1886 年，老家发生特大水灾，很多村民流离失所，陈芳捐赠白银三千两救济灾民。

1890 年，整个北美大陆的反华浪潮传到檀香山，65 岁的陈芳深感夏威夷已不再是华人的天堂，他急流勇退，决定落叶归根返回家乡。这一年，陈芳携巨资回到梅溪老家定居，兴办公益事业，扶助乡民。

在家乡，陈芳率领村民开凿了 7.2 公里的水渠。为了让村民能够方便快捷地了解外面的世界，他和儿子修了一条10公里长直通拱北关闸的石路。由于陈芳及其父母乐善好施，光绪皇帝特意在其院子外面赐建了四座牌坊以示表彰，这就是著名的“梅溪牌坊”。

准确预言
上海世博会的晚清奇人

关于上海世博会，曾有过一个非常传奇的百年前的梦想。整整一百年前，也就是1910年，一位名叫陆士谔的晚清小说家创作了幻想小说《新中国》，畅想百年后的上海风貌。陆士谔在这部小说中预言一百年后，中国将举办万国博览会，地点便在上海，更具体到会址选择在浦东陆家嘴、洋泾浜一带。在当时饥寒交迫的国人看来，这样的畅想十分荒诞和离奇，无异于痴人说梦。可百年后的今天，书中的描述竟然完全应验了！

温家宝总理在第七届上海世博会国际论坛的开幕式上提到了这本书，说："1910年，一位叫陆士谔的青年创作了幻想小说《新中国》，虚构了一百年后在上海浦东举办万国博览会的情景。"

陆士谔的小说《新中国》，以第一人称记叙，小说的故事梗概是这样的：宣统二年（1910）正月初一，人们均为过年忙碌，小说中的主人公陆云翔却闷闷不乐，便独自喝闷酒，一会儿就昏昏欲睡，似睡又醒，夫人李友琴约他逛街，陆云翔便鬼使神差随其出门，举目一望，惊诧万分，世界已发生了巨变，一个全新的中国扑面而来：万国博览会在上海浦东举行，因为"上海没处可以建筑会场，特在浦东辟地造屋"，陆云翔与妻前往参观，只见“一座很大的铁桥，跨着黄浦，直筑到对岸浦东”。妻子告诉他，大桥是为开博览会才建造的。为了去会场和市民出行方便，还在上海滩筑就了越江隧道和电车隧道（地铁）……有趣的是为造地铁，还发生了争执，有说造在地下，有说要造高架，辩论结果：机车在高架上行驶噪音太大，且支撑高架的铁柱影响市容，又不方便，最终定下造地下电车隧道。以往常碰撞行人的电车已改为地下行驶，“把地中掘空，筑成了隧道，安放了铁轨，日夜点着电灯，电车就在里头飞行不绝。”

匪夷所思的是，陆士谔在梦中规划的浦东大铁桥、越江隧道和地下电车隧道，竟然与现今上海三大工程的南浦大桥、延安东路越江隧道及地铁一号线的地点方位完全吻合。

其时的中国积贫积弱，可陆士谔却让他的主人公在梦中展现了一个独立、自由、强盛的新中国：“现在海外法权已经收回，马路中站岗的英捕、印捕皆已不见；裁判所的裁判官、律师皆为中国人，所判均极公平；外国人侨寓在吾国的，一律遵守吾国的法律；洋人变得谦和，国人则各个扬眉吐气……那租界的名目也早已消除长久了。”他设想在陆家嘴建造金融中心，“现在浦东地方已兴旺的与上海差不多了，中国国家银行分行就开在浦东呢”；他设想在当时外国人的跑马厅（现在的人民广场）建造大剧院——新上海舞台；他设想新中国上海的公立大学“共设二十六个专科，学生数万，欧美日都派有留学生”；他设想汉文汉语成了世界的公文语；他设想新中国工厂中机器有鬼斧神工之妙，产品胜欧货远甚；他设想新中国拥有强大的海军力量……

在这部奇书的结尾，陆云翔被门槛绊了一跤后跌醒，方知是南柯一梦。夫人李友琴对他说：“这是你痴心梦想久了，所以才做这奇梦。”陆士谔答：“休说是梦，到那时真有这景象也未可知。”妻子又说：“我与你都在青年，瞧下去自会知道。”陆士谔答："我便把这梦记载下来，以为异日之凭证。"看到这里，无法不让人叹为观止，为之叫绝。

这部小说中的男主人公陆云翔，就是作者陆士谔本人，陆士谔字云翔。女主人公李友琴，也是陆士谔夫人李友琴的真姓名。李友琴系浙江镇海茶叶商人李兰孙之次女，貌若天仙，酷爱阅读小说，深为陆士谔小说字里行间所述而着迷，遂成知己。虽双方家庭皆不赞成其合，李家嫌陆家贫寒，陆家嫌李家经商未免世故，但共同的爱好与理想促两人最终走到一起，次年结为伉俪。婚后，陆士谔更是以惊人速度写作小说，而夫人李友琴则多次为其小说写序、跋及总评，夫唱妇随其乐融融。

陆士谔（1878—1944），江苏青浦（今属上海市）人，生于千年古镇珠溪镇（今朱家角），名守先，字云翔，号士谔，亦号云间龙、沁梅子等。一生创作了百余部小说，以《新上海》与《新中国》最著名（《新上海》将清末上海十里洋场种种光怪陆离的"嫖、赌、骗"等丑恶现象做了深刻记录，写得淋漓尽致，入木三分。为 1997 年上海古籍出版社推出的"十大古典社会谴责小说"之一）。还有以清初社会现实为背景的武侠小说二十余部，其中《血滴子》尤为走红，以致世人多以为雍正之传位和丧命，都是出自血滴子成员之力。另撰有《也是西游记》、《飞行剑侠》、《七剑八侠》、《七剑三奇》、《三剑客》、《红侠》、《黑侠》、《白侠》、《顺治太后外纪》、《女皇秘史》、《清史演义》、《清朝开国演义》等书。他创作的以抗击英法联军为题材的小说《冯婉贞》，其部分内容竟被编入《清稗类钞》，后人又将此作为史实编进了历史课本。

更令人称奇的是，陆士谔的主业并非文学写作，而是悬壶济世。他是一代名医，曾获得上海十大名医的称号。陆士谔在行医、写小说的同时，着力最多的还是编著医书。他编著有《薛生白医案》、《叶天士医案》、《叶天士秘方》和《增注古方新解》、《分类王孟英医案》、《丸散膏丹自制法》、《增评温病条辨》、《家庭医术》、《妇人科》等。自著《医学南针》等。1934年和1936年，他出版了两部自家的医话，即《国医新话》和《士谔医话》。1937年，他辑医经、各科临床、本草、方剂、医案诸书共二十一种，合成为大型丛书《基本医书集成》而封笔。

不懂外文的近代“译界之王”

晚清时期，有“传统古文之殿军”之誉的文学家林纾，不仅能诗善画，多才多艺，而且曾翻译了英、法、美、比、俄、挪威、瑞士、希腊、日本和西班牙等十几个国家数十名作家的小说，其译著多达一百八十余种，为中国近代译界所罕见，被誉为“译界之王”。

但令人不可思议的是，作为“译界之王”的林纾竟然不懂外文！他翻译外国小说全靠听取别人的口译，然后自己再用文言文将之翻译成汉语。“林译小说”曾极大地影响了当时中国的文学界，他是我国最早翻译西方文艺作品的人，也是中国翻译小说的奠基人和中国小说现代叙事话语形成的开拓者。

在中国近代，林纾以自己独特的翻译方式奉献给社会文化界的大量西洋小说，滋养了一代文学新人，用高古典雅的中国古文话语表述形态，开创了中国的西洋文学新风，在文学史上功不可没。

林纾，原名群玉，字琴南，号畏庐，室名春觉斋。1852年11月8日，林纾出生在福州一个小商人的家庭。林纾先祖为农，祖父辈入城治艺。父亲林国铨，在闽北经营盐务。1856年，其父往建宁运盐途中，因船触礁沉没，导致倾家荡产，遂背井离乡往台湾谋生,林纾则一度寄食于外祖母家中。林纾小时候靠寡母的劳作来维持生活,早年生活很贫困,但林纾读书很刻苦,5岁时在私塾当一名旁听生,受塾师薛则柯的影响,深爱中国传统文学,从此与文学结下不解之缘,尤其对古典文学下了不少工夫。林纾自小嗜书如命,以代人补缀破书,而得读书机会;所有零花钱都用于买书,以贱价收买残书研习。15岁时,“积破书三橱,读之都尽”,到他20岁时,已博览群书达数千卷之多,奠定了深厚的文学根基与学问基础。1874年,22岁的林纾师从陈文台学绘画。自此,“一日未尝去书,亦未尝辍笔不画”。1882年他中了举人后,数次上京参加礼部会试,但屡试屡败,于是便放弃科举之学,专心致力于古文研究,取得了丰硕成果。

然而,鲜为人知的是,这位中国文学翻译开山鼻祖初涉译事时曾有一段很顽皮很童真的趣闻:当年,他有一位朋友叫魏翰(魏季渚),是毕业于“中国海军的摇篮”马尾船政学堂的著名造船专家,有“匡世良才”之美誉。魏翰时任船政局工程处道员,他最先建议挚友林纾从事翻译。林纾听后当作耳旁风,迟迟未付诸行动。经魏翰再三相劝,林纾竟孩子般提出条件——魏翰必须请他游览闽江滨海大川,否则就不译。魏翰无奈,买舟导游。一路上,由魏翰的学生、时任船政学堂法文教习的王寿昌拿着大作家小仲马的法文原著《茶花女》逐字逐句把原著意思说出来,林纾边听边以文言文书写成章,于是令世间轰动亦使林纾一举成名的中国翻译史上第一部长篇译著《巴黎茶花女遗事》就这样诞生了!

翻译《茶花女》时,由王寿昌读原文,口译出大概意思,再由林纾笔译成优美的古汉语,整理成篇。每译至男女苦恋之悲及伤心之处,两人竟抱头痛哭,与书中人同悲欢共命运!

翻译《茶花女》一炮打响后,林纾名声大振,轰动了当时暮霭沉沉的晚清文坛。林纾一鼓作气,受商务印书馆的邀请专译欧美小说，先后共译作品一百八十余种。单行本主要由商务印书馆刊行，未出单行本的多在《小说月报》、《小说世界》上刊载。跟林合译美英作品者有魏易、曾宗巩、陈家麟、毛文钟等，合译法国作品者有王寿昌、王庆通、王庆骥、李世中等。这些译著均极成功，名重一时。

林纾不懂外文，选择原本之权全操于口译者之手，因而也产生了一些疵误，如把名著改编或删节的儿童读物当作名著原作，把莎士比亚和易卜生的剧本译成小说，把易卜生的国籍误成德国等。在他翻译的小说中也不免有些脱离原意、不尽符实之处，比如他在翻译法国小仲马《巴黎茶花女遗事》时便采用中国古典小说的笔调来描写，说亚芒愤恨离去为“拂袖而去”，读者写信责问他：“西装袖子如何拂得？”又如，他描写茶花女灯下读小说为“挑灯夜读”，读者也表示异议：“茶花女香闺哪里来的油灯？”他均无法作答。

当然，与这些瑕疵相比，林纾翻译的外国小说可取之处则更多，其译笔轻快明爽，有鲜明的特色和可圈可点之处。如他所译的《撒克逊劫后英雄略》，颇能保有原文的情调，人物也能传原著之神。《孝女耐儿传》中，写胖妇劝主妇之母为主妇出气以重罚其夫一段，不仅原作情调未改，有时连最难表达的幽默也能表达出来，这在当时实在是很不容易的事情。

林纾对自己译书的速度一直颇为自豪。往往口述者未毕其词，而林纾已书在纸。他是古文大家，喜欢用古文义法来讲他译的小说。他赞美狄更斯“扫荡名士美人之局，专为下等社会写照”，善于“刻画市井卑污龌龊之事”，善叙“家常平淡之事”（见《孝女耐儿传自序》），而用《史记·外戚传》写窦长君的话作比，认为《史记》中此等笔墨亦不多见。又说《红楼梦》虽亦“善于体物，终竟雅多俗寡”。通过用《史记》、《红楼梦》作比，赏识狄更斯的笔墨，为中国读者打开了眼界，扩大了大家的文学视野，并使阅读之气象为之一新。

他翻译日本作家德富健次郎的《不如归》时，在译书的序言里，称德富健次郎“夹叙甲午战事甚详。余译既，若不胜有冤抑之情，必欲附此一伸”。“纾年已老，报国无日，故日为叫旦之鸡，冀吾同胞警醒”。他还自称所选译作“力翻可以警觉世士之书，以振吾国人果毅之气”，为“爱国保种之一助”。这说明他翻译小说，不光要把外国小说原汁原味地介绍到中国来，更要把他的爱国热诚，通过翻译的二次创作来感动读者；加上他利用自己的文学素养来弥补原作的某些不足，他的某些译作竟胜过原作，其中的成功译作至今还具有生命力，拥有不少拥趸者。

胡适曾说：“林纾居然用古文翻译了一百多种长篇小说。……古文的应用，自司马迁以来，从没有这样大的成就。”康有为在致林纾信中亦称：“译才并世数严林，百部‘虞初’救世心。”康有为所说的“严林”，一个是以翻译《天演论》而闻名的严复，另一个就是林纾。

林纾近三十年的翻译生涯，以 1913 年译完《离恨天》为界，明显地分为前后两期。前期林译十之七八都很醒目，后期译笔逐渐退步，色彩枯暗，劲头松懈，使读者厌倦。晚清四大谴责小说之一《孽海花》作者曾朴认为，林纾没有认识到白话文为大势所趋，坚持使用古文体翻译外国小说，是他翻译生涯最大的缺陷。这是很中肯的评价。

林纾翻译的外国文学名著在当时的影响太大了，以至于很多名门闺秀，乃至歌妓，在读了“林译小说”之后，流尽眼泪，对林纾油然而生爱慕之情。但林纾从不理睬她们，远远躲避，使得那些多情怀春的少女们怏怏失意，怨恨林纾。

有一位蝶仙姑娘，完全为林纾的小说所倾倒。她百般追求他而不得，万般柔情竟得不到半点回报。她是愤愤地对别人说：“林琴南（林纾）诗词乐府，不知赚了多少人的眼泪，骗了多少少女的感情,为什么竟然如此薄情?”林纾知道此事后,仍然未去见她,特地写了一首诗赠给她,以表明自己的心迹。诗曰:“不留夙孽累儿孙,不向情田种爱根。绮语早赊名士习,画楼宁负美人恩。”

新文化运动中,林纾曾跟胡适、陈独秀、蔡元培等人吵架,余怒难消的林纾撰写小说《荆生》、《妖梦》,将上述三位名流逐个丑化一通,一泄心头之愤。由此而掀起轩然大波后,原本性格狷介的林纾觉察到自己行为有失君子之道,立即写信给各报馆,68岁的老人孩童般公开承认自己骂人的错误,如此童心无垢不遮不掩的真性情忏悔,使得遭他辱骂的陈独秀等人感慨不已,叹赞云:“像这样勇于改过,倒很可佩服!”

林纾在传统文学方面也有很高的成就,他与当时的桐城派古文家吴汝纶、马其昶、姚永概等人同享盛名。1907年,林纾应商务印书馆之邀,开始选编《中学国文读本》,内容由清朝上溯至周朝,逐篇详加评语,从次年5月到1910年末,分十卷出版。自此,林纾在传统文学方面的创作一发不可收。他生平主要的散文、文论、选评、讲义集计有《畏庐文集》、《韩柳文研究法》、《春觉斋论文》、《左孟庄骚精华录》、《左传撷华》、《古文辞类纂选本》、《文法讲义》等数十种。此外,他还留下数量可观的诗词、丛谈、琐记、随笔、小说、传奇和剧本等文学作品。林纾多才多艺,在绘画方面也有很深造诣,画品极佳。他的书斋里总是摆着书桌和画台,写写画画,交替进行,从不间断。他还出版有画作《畏庐遗迹》、理论专著《春觉斋论画》,被誉为“后学之津梁,迷途之宝筏”。

林纾始终未入仕途,对功名富贵“视若弃灰”。他定居北京初期,曾受到闽籍京官礼部侍郎郭曾炘、邮传部尚书陈璧的举荐,他都坚辞不就。这一点,在同时代的学人中也极为罕见。

旧上海文人
遭遇的离奇骗术

光怪陆离的旧上海滩，可以说是无奇不有。形形色色的骗子很多，有的骗术十分离奇，让人防不胜防。就连文明程度较高的文化界，也屡屡上演昧心的欺骗丑剧，只不过是骗术更高明些罢了。

奇招骗取情书佳作

如今，征婚启事早已在大小报刊上屡见不鲜，可在上世纪三十年代的旧上海却很鲜见，属于新生事物。于是，就有文化骗子利用征婚启事来大做文章。

抗战期间的上海，自 1937 年 11 月 12 日国民党军队撤离后，就进入了“孤岛”时期。虽为“孤岛”，但其文化和商业活动仍很繁荣。一天，上海某报曾登载一则征婚启事，内称“名门闺媛某，双十年华，容貌秀丽，系某大学文学系学士，酷爱写作，现征求李清照与赵明诚式的终身伴侣；凡饱学而有文才愿意应征者，需将亲笔撰写的情书一封寄到某某号邮政信箱，该女士将延聘名家，评选情文并茂佳文作者一名，约期面晤”云云。

女方条件非常之好,可以说是尽善尽美,自然对男士具有无法抵挡的诱惑。果然,启事刊出后不长时间,应征情书便如雪片般寄来,文章中无不情意绵绵,极尽人间最美好的语言。其中佳作很多,有的还出自当时颇有名气的作家手笔。

在应征者焦急的等待中,征婚活动没了下文。时过数月,应征情书竟如石沉大海,没有一个应征者得到回音。这样的活动难免有始无终,大家也能理解,只好悻悻作罢。

然而,时隔近一年后,上海某书局出版了《当代情书大全》,并隆重推出,在各报刊遍登广告,引起了社会各界人士普遍的阅读欲望,销路极佳,一时洛阳纸贵。该畅销书一再重版,仍然供不应求。事后知情者透露,前述所谓"文学士"的某"名媛",其实就是某书局老板做下的"局",请君入瓮,借此诱使文人上当,骗取情书佳作。号称名家精心编著的《情书大全》,完全是从应征文稿中筛选汇编而成。书局不必支付分文稿酬,却以此大发其财。各应征撰文者蒙在鼓里,白白地付出了辛苦的劳动。

应征者即便后来有发现其中猫腻者,也不好发作。因为都是脸皮薄的文人,自己当时写的又是私密性的情书,自然充斥着肉麻之语,没脸站出来说哪篇是自己写的。

奸猾书商的骗术之高明,令人不得不为之惊叹。

如此"翻译"出书

早年曾赴日留学著名旅美散文家、翻译家、语言学家、文学家钱歌川先生回忆,他年轻时和许多文人在上海也遭遇过一次同样"高明"的欺骗。

1929年,钱歌川放弃中学教师工作,从家乡湖南湘潭来大上海,一时找不到工作,生活无着落,心里非常焦急。某日在报上读到一则招聘广告:“某大公司因与外国经商，需要英文翻译若干名,应聘者只需当场翻译数百字,译文合乎要求即可录用,每月报酬百余元。”

在当时的上海来说,这份工作的月薪颇为可观,因此报名者十分踊跃。对苦于找不到工作的钱歌川来说,更是一个绝好的应试机会。

按照广告说的规定考试时间,钱歌川赶到应试地,原来是一所学校,入门时已见应征者坐满几个教室,总计有四五百人之众。主持者从厚厚的一部外文书中随意撕下一页页文章,分别发给每个应试者,当场笔译,译毕即交卷离场,静候通知。钱歌川自恃中英文功底深厚,译得字字珠玑,颇为自信。钱歌川觉得自己一定能名列前茅,很快就会有理想的工作了。

谁知,几个月过去了,钱歌川却一直没等来录用或没录用的通知,一打听,音讯全无。他感到莫名的惆怅,只能再找工作,还好,命运终于垂青他了,他进入中华书局做了文艺编辑。

后来他在上海街上闲逛时，在一家书肆中偶然看到一册《汉译英语名著小说》,他打开此书仔细地翻阅了一会儿,忽然发现内有几页译文,竟是自己当年的应征之作,连其中一处笔误也完全照印！他大大地吃了一惊。

是可忍,孰不可忍。原来,书商周老板仅花些许广告费,就骗取了众多才子入彀,在短短的两个小时中,把一部数百页的英文小说集体翻译出来了。而大赚一把的书商却连一分钱的稿酬也不用付,真是狡诈之至。

气愤不已的钱歌川原想找上门去要个说法,而版权页上却不见出版者的地址,终因交涉无门,只能对之不了了之。

回看云起时——历史溯源

生意人为何被称为“商人”

生意人被称为“商人”在我国由来已久了，商人在当今的社会经济领域发挥着重要的作用。那么，“商人”这一名词是怎么来的呢？

这得从商朝说起，商朝的商业十分繁荣，有“商葩翼翼，四方之极”之称。以肉食品为例，从黄牛的养殖、贩运、屠宰、加工到销售的全过程，在商代时已经形成一个相当成熟的产业。商朝以贝作为货币，在市场上流通。商代农业和手工业的进步促进了商品交换的发展，出现了许多牵着牛车和乘船从事长途贩运的商贾。到商代后期，都邑里出现了专门从事各种交易的商贩，吕尚（姜子牙）就曾在朝歌以宰牛为业，又曾在孟津卖饭。而且商代数位君王都修驰道，来便利天下物通。

商民善于经商，后世将经商的人称为“商人”。如今日河南的商丘就有中国商业、商人、商朝起源地之说，被称为中国“三商之源”。

武王伐纣灭了商朝后，由于历史的原因，商朝的遗民又成了从事买卖业的主体。

史载，西周初期，周成王年幼，管、蔡二叔（武王之弟）与纣王之子武庚联兵反叛。周公东征平叛后，将洛阳建为军事要塞，称为“成周”，“成周既成，迁殷顽民。”殷朝遗民被迫集中到洛阳，周朝人叫他们为顽民，经常被召集训话，不许乱说乱动，过着被监视的生活。虽然殷朝遗民已经成为周朝人民的一部分，但是却被另眼看待。他们既无政治权利，又失去了土地，怎么过日子呢？只好东奔西跑做买卖。买卖这一行周朝的贵族是不会做的，当时的庶民要种地不能做买卖，而商品买卖又为社会所需要的，久而久之，买卖商品的商业成为殷朝遗民的主要行业了。

随着民族融合和商品经济的发展，周朝的少数贵族也开始做买卖了，这样，商人渐渐地就失去了“顽民”的贬义，成为从事商品买卖的职业专称了。到了春秋，郑桓公对周人很友好，并带一部分周民迁洛水以东，立国于新郑。所以，郑国的商人在当时是很有名的。如富商弦高用12头牛犒劳偷袭郑国的秦军，使其不敢攻郑，上演了历史上富商救国的一幕。另外，郑国地处交通要道，为齐楚秦晋争霸必夺之地，但郑人反而借战争转运各国商品，从中在经济上大获其利，使其国富民强，显示了商业活动的重要性。

在这一时期，商人开始分化为行商和坐贾，行商是走村串寨沿途买卖的商人，坐贾是有一定场所、招徕他人来买卖东西的商人。在《庄子》一书中，曾屡屡出现“桂鱼之肆”、“屠羊之肆”的提法就是明证。《周礼·司市》中曾有这样的记载：“大市，日昃而市，百族为主；朝市，朝时而市，商贾为主；夕市，夕时而市，贩夫贩妇为主”。根据这一描述，我们可以发现，原来有政府管理的“有计划的市场经济”，在西周时期就出现了！

商人群体作为社会的客观存在，后来成为了封建社会士、农、工、商社会四阶层之一。久而久之，人们便有了这样的看法：商朝人以及商朝遗民就是做买卖的人。后来，人们简称商朝人为“商人”，这一称呼一直沿用至今。

插手某件事情为何被称为“染指”

我们都知道，人们常常用“染指”一词来形容某人或某集团插手某事，占取不应该得到的利益。但是对“染指”一词的由来，就不见得人人皆知了。

“染指”一词出自《左传·宣公四年》记载的一个故事：“楚人献鼋于郑灵公，公子宋（即宋子公）与子家将见，子公之食指动，以示子家，曰：‘他日我如此，必尝异味。’……及食大夫鼋，召子公而弗与也。子公怒，染指于鼎，尝之而出。公怒，欲杀子公。子公与子家谋先。子家曰：‘畜老，犹惮杀之，而况君乎？’反谮子家，子家惧而从之。夏，弑灵公……”

这个故事发生在公元前605年，具体内容用今天的话说，就是：郑国大夫子宋与子家一同去见郑灵公。快要进宫门时，公子宋忽然停住脚步，抬起右手，笑眯眯地对子家说：“你看！”子家莫名其妙地看着公子宋的手，只见他的食指一动一动的，不禁摇了摇头，也伸出自己的右手，动了动食指说：“这有何难，我也会啊！”公子宋爽朗地笑道：“你以为是我让食指抖动的吗？这是它自己在动啊。”

听他这般说，子家定下神来细看了对方抖动的手指，再动了动自己的食指。果然，公子宋食指的抖动与自己食指抖动的状态不一样，不由得暗暗称奇。

公子宋神秘地说：“看样子，今天有好吃的在等我们啦！以往每当我这食指动起来以后，总能尝到新奇的美味！”

说话间，两人进宫了，发现厨子正在把一只已经煮熟了的甲鱼切成块儿。这只甲鱼特别大，是一个楚国人进献给郑灵公的。郑灵公见这只甲鱼很大，可以分给好多人吃，决定把它分赐给大夫们尝尝，子家忍不住朝公子宋跷了跷大拇指。对其佩服之至。公子宋一脸的得意。

不明就里的郑灵公见这两人神神秘秘，没有一点规矩，不禁皱了皱眉头，问：“你们在笑什么？”子家就把刚才宫门外的情况讲了一遍，郑灵公听了，含含糊糊地说了句：“喔，真有这么灵验？”便不再说什么。

一会儿，大夫们陆续到齐了，用鼎煮熟的大甲鱼由厨子装进盆子，先给郑灵公，然后给各位大夫。郑灵公先尝了一口，称赞道：“味道不错！”示意大家一起吃。大家便津津有味地吃了起来。但是，公子宋却呆呆地坐着。原来，他面前的桌案上什么也没有。显然，这是郑灵公安排好的。公子宋窘迫不堪，脸上红一阵，白一阵。他看着郑灵公，郑灵公正吃得很香，一边和大夫们说笑，似乎根本没有注意到他。他又看看子家，见子家也吃得起劲，一边还朝他扮鬼脸。别人吃着，自己只有看着的份，公子宋一脸的不自在。

是可忍，孰不可忍？子宋是庙堂重臣，如此被戏弄，自然使他很难堪，感觉自己的颜面彻底扫地了，一气之下也不管郑灵公同不同意，忽地站起来，走到大鼎面前，伸出指头往里蘸了一下，尝了尝味道，然后，大摇大摆地走了出去。这就是后世所称的“染指”之由来。

子宋的“染指”之举，无疑后果很严重。郑灵公见子宋如此无礼，气不打一处来，宣布要杀掉这个小子。

郑灵公一生气，后果更严重。子宋一看大事不妙，竟联手子家先下手为强，在这一年的夏天把郑灵公给杀了，从而造成了郑国内乱。（子家原本是胆小之人，但迫于子宋的压力才不得已与之同谋）

《史记·郑世家》（卷四十二）对此事也有翔实的记载："二十二年，郑缪公卒，子夷立，是为灵公。灵公元年春，楚献鼋于灵公。子家、子公将朝灵公，子公之食指动，谓子家曰：'佗日指动，必食异物。'及入，见灵公进鼋羹，子公笑曰：'果然！'灵公问其笑故，具告灵公。灵公召之，独弗予羹。子公怒，染其指，尝之而出。公怒，欲杀子公。子公与子家谋先。夏，弑灵公。郑人欲立灵公弟去疾，去疾让曰：'必以贤，则去疾不肖；必以顺，则公子坚长。'坚者，灵公庶弟，去疾之兄也。于是乃立子坚，是为襄公。"

需要说明的是，这个历史故事不仅衍生出被后世用来指分取不应该得到的利益，也指插手某件事情的"染指"一词，而且还衍生出另一个成语——"食指大动"（指美食当前，人的食欲强烈）。不过，前者是个贬义词，后者却是个中性词。

“十恶不赦”究竟是指哪“十恶”

“十恶不赦”，常用来形容恶贯满盈、罪无可恕之人。那其中的“十恶”指的是什么呢？有不少人以为是“吃喝嫖赌抽，坑蒙拐骗偷”，大错特错了。

在现代汉语中，成语“十恶不赦”中的“十恶”并非实指，而是泛指重大的罪行。但是，在我国古代的刑罚律令中，“十恶不赦”中的“十恶”却是实有所指的。

“十恶”，最初为佛教中的一个用语，指十种当招致地狱、饿鬼和畜生这“三恶道”苦报的恶业，故又称“十恶业道”。“十恶”作为古代刑法中的罪名，最早出现在《齐律》（由北齐尚书令、赵郡王等撰写）中，当时称为“重罪十条”。《齐律》曰：“列重罪十条：一曰反逆，二曰大逆，三曰叛，四曰降，五曰恶逆，六曰不道，七曰不敬，八曰不孝，九曰不义，十曰内乱。其犯此十者，不在八议论赎之限。”（八议制度也是《齐律》首创的被后世广泛借鉴的律令之一，是专门为封建特权人物犯罪减免处罚的法律规定。《齐律》明文规定：犯重罪十条者，不在八议论赎之限。）

“重罪十条”把以上十条罪行称为“十恶”，并且规定绝不赦免。到了隋唐，经过隋代《开皇律》与唐代《唐律疏议》对之的进一步的修订，就正式形成了“十恶不赦”的罪名说法。它的主要内容有：

1、谋反。指企图推翻朝政。这历来都被视为十恶之首。

2、谋大逆。指毁坏皇室的宗庙、陵墓和宫殿。

3、谋叛。指背叛朝廷。

4、恶逆。指殴打和谋杀祖父母、父母、伯叔等尊长。

5、不道。指杀一家非死罪 3 人及肢解人。

6、大不敬。指冒犯帝室尊严。通常为偷盗皇帝祭祀的器具和皇帝的日常用品，伪造御用药品以及误犯食禁。

7、不孝。指不孝祖父母、父母，或在守孝期间结婚、作乐等。

8、不睦。即谋杀某些亲属，或女子殴打、控告丈夫等。

9、不义。指官吏之间互相杀害，士卒杀长官，学生杀老师，女子闻丈夫死而不举哀或立即改嫁等。

10、内乱。亲属之间通奸或强奸等。

由于“十恶”之罪直接危害了封建专制制度的核心——君权、父权、神权和夫权，所以自隋唐确立“十恶”之罪以后，历代封建法典皆将之作为不赦之重罪。

历史上，文学作品中第一次出现“十恶不赦”这个词，是在元曲大家关汉卿《窦娥冤》第四折里：“这药死公公的罪名，犯在十恶不赦。”

“三教九流”究竟指什么

在书面语和人们的言谈中，“三教九流”都是一个使用频率较高的词，用来泛指社会上各色各样的人，也泛指江湖上各种职业。那么，“三教”、“九流”究竟指的是什么呢？

从现存的历史文献记载看，关于“三教”最早的记载，是三国时吴侯孙权和上书令阚泽的一次谈话，其中提到儒、道、佛三教；“九流”的说法最早见于《汉书·艺文志》。《汉书·艺文志》是我国现存最早的目录学文献。这部最早的系统性书目，是班固撰写的，简称《汉志》。属于史志书目。《汉书》十志之一，《汉书·艺文志》是作者根据刘歆《七略》增删改撰而成的，其中收录诸子 189 家，但最重要的是九家（“诸子十家，其可观者九家”），指儒、道、墨、法、名、阴阳家、纵横家、杂家与农家。这“九家”也叫“九流”，实际上是汉代之后对中国主要宗教和各种学术流派的泛指。

“三教九流”后来逐渐成了不同等级社会角色的代名词。笔者认为，中国历史上对人群的划分，最早是从商周时期开始的，士、农、工、商四业，一直延续了几千年，后来越分越细，便有了“三教九流”的分类，其中，除了“三教”没有争议之外，“九流”的说法莫衷一是。到后来，“九流”不够划分，一直演化到 27 种职业，按照上中下三类区分，这就是上九流、中九流和下九流，那么比较流行的“三教九流”中的上九流、中九流和下九流指的是什么呢？

上九流主要指古代的领导阶级：“一流佛祖二流天，三流皇上四流官，五流阁老六宰相，七进八举九解元。”一流是佛教的佛祖，在思想领域里是舆论权威，权力至高无上；二流天是玉皇大帝，比人间的皇帝位置高一等，但虚无缥缈，不像佛祖那样能控制人的思想；人间的最高领导皇上排第三，皇上下来是阁老，老资格的重臣，如位列“三公”的太师、太傅、太保等；接下来的宰相是帮助皇帝处理日常政务的内阁官员首领；排名后三位的都是科举中榜士子，是封建科举取士制度中的成功者。

中九流主要指古代的文艺与科技工作者：“一流秀才二流医，三流丹青四流皮（皮影），五流弹唱六流卜（卜卦），七僧八道九棋琴。”这一块差不多都是古代的文学艺术工作者和科学工程技术人员。除了排名第六的流卜（卜卦）外，都是比较正当的谋生职业，也是文化艺术和科技含量较高的职业。

下九流主要指古代的社会下层工作者：“一流高台（唱戏）二流吹，三流马戏四流推（剃头），五流池子（北方的澡堂子）六搓背，七修八配（给家畜配种）九娼妓”。这基本上是服务行业，除了排名第九的“娼妓”外，都是自食其力的下层劳动人民，而且都体现了一定的劳动技能。

“明镜高悬”溯源

在古装舞台戏或古代历史题材的影视剧里，我们常常可以看到这样的情景：在官府的威严大堂里，坐着一个或好或坏的当官的，在其座位后边的墙上，大都悬挂一块大匾，上边写着“明镜高悬”四个大字。

何谓“明镜”？“明镜高悬”又是怎么来的呢？

“明镜”来源于晋代学者葛洪所著的《西京杂记》一书，《西京杂记》是中国古代笔记小说集，其中的“西京”指的是西汉的首都长安。该书写的是西汉的杂史，既记载了严肃的历史，又记载了西汉的许多遗闻轶事。

据《西京杂记》记载：公元前206年，秦朝灭亡，汉王刘邦进入秦都咸阳宫内，见到了数不清的奇珍异宝，其中一块有特异功能的方镜引起了他的注意，此镜“广四尺，高五尺九寸，表里有明，人直来照之，影而倒见；以手扪心而来，则见胃肠五脏；人有疾病在内，则知病之所在；如女子有邪心，则胆张心动。秦始皇常以此镜照宫人，胆张心动者则杀之”。

因为此镜出于秦地，故又称秦镜。又因其有察识人们内心世界的功能，凡遇有坏人坏心肠都可照得一清二楚，相传秦始皇得到这面宝镜后，常用它来照手下的大臣和宫中之人，一旦发现谁心存邪念，就严厉惩处。

后来人们就用“秦镜高悬”来比喻当官的人公正廉明，能明察是非，执法严明，判案公正，办事铁面无私。也比喻目光敏锐，识见高明，能洞察一切。

“明镜高悬”在后世的文学作品中常常出现，如唐代诗人刘长卿在《避地江东留别淮南使院诸公》一诗中写道：“何辞向物开秦镜，却使他人得楚弓。”杜甫的《洗兵行》中也有这样的句子：“司徒清鉴悬明镜；尚书气与秋天杳。”元·关汉卿《望江亭》第四折：“只除非天见怜，奈天天又远，今日个幸对清官，明镜高悬。似他这强夺人妻，公违律典，既然是体察，端的怎生发遣！”清·石玉昆《三侠五义》第八十四回：“望乞众位大人明镜高悬，细细详察是幸。”

以后的历代，许多当官的人，不论是清官，还是贪官、混官、糊涂官，为了标榜自己的清正廉明，都在公堂上挂起“秦镜高悬”的匾额。但是，人们又痛恨秦代的暴政，不愿把这面宝镜与其联系在一起，于是秦镜慢慢地就被演称为明镜，于是“秦镜高悬”便演变为“明镜高悬”了。

此外，“明镜高悬”也作“明鉴高悬”、“高抬明镜”、“明镜鉴形”等。唐·吴竞《贞观政要·求谏》：“贞观十六年，太宗谓房玄龄曰：‘一日万机，一人听断，虽复忧劳，安能尽善？常念魏徵随事谏正，多中朕失，如明镜鉴形，美恶必见’。”《京本通俗小说·错斩崔宁》：“伏乞相公高抬明镜，昭雪前冤。”宋·道原《景德传灯录·卷九·福州龟山智真禅师》：“明鉴高悬未照时。”

赞人有才为何说“才高八斗”？

南北朝时最著名的大诗人谢灵运曾言：“天下才共一石（为我国古代容量单位，一石等于十斗），曹子建独得八斗，我得一斗，自古及今共用一斗。”

由此，后世便称才学出众者为“才高八斗”或“八斗之才”。如唐李商隐的《可叹》中有：“宠妃愁坐芝田馆，用尽陈王八斗才。”唐徐夤的《献内翰杨侍郎》中有：“欲言温署三缄口，闲赋宫词八斗才”等等。

谢灵运是中国历史上伟大的诗人，也是见诸史册的第一位大旅行家。其诗充满道法自然的精神，贯穿着一种清新自然恬静之韵味，一改魏晋以来晦涩的玄言诗之风。李白、杜甫、王维、孟浩然、韦应物、柳宗元诸大家，都曾取法于谢灵运。他还是中国山水诗的开创者，被后世称为“山水诗鼻祖”。这么一位有自负资本的牛人，对曹子建才华的评价又如此之高，可见曹子建在文学史上有多么牛了。

“独得八斗”之才的曹子建，就是历史上著名的曹植，他的文学才华为当时和后世所推崇。

曹植生于192年，卒于232年，是建安时期最杰出的诗人，字子建。他是曹操之妻卞氏所生的第三子。

曹植自幼颖慧，年十岁余，便诵读诗、文、辞赋数十万言，出言为论，下笔成章，史载其“十岁余，诵读诗论及辞赋数十万言，善属文。”他的文章写得出色，甚至曹操都怀疑“汝倩人邪”（你是请别人代写的吧）？对他极为宠爱。曹操曾经认为曹植在诸子中“最可定大事”，几次想要立他为太子。后来因他“任性而行，不自雕励，饮酒无节”，曹操就逐渐对他冷落了。后曹植行为放任，屡犯法禁，多次引起曹操的震怒，而他的兄长曹丕则颇能矫情自饰，终于在立储斗争中渐占上风，并于建安二十二年（217）得立为太子。建安二十五年，曹操病逝，曹丕继魏王位，不久又称帝。曹植的生活从此发生了根本性的改变。他从一个过着优游宴乐生活的贵公子，变成处处受限制和打击的对象。曹丕继位后，以曹植不来奔丧为由问罪。曹丕发兵将曹植捉来，让其“七步成诗”，继而又让其立即成诗，曹植均能做到。曹丕迫于太后的压力，放过曹植，但对其做了贬爵处罚。黄初七年（226），曹丕病逝，曹睿继位，即魏明帝。曹睿对他仍严加防范和限制，处境并没有根本好转。曹植在文、明二世的12年中，曾被迁封过多次，最后的封地在陈郡，卒谥思，故后人称之为“陈王”或“陈思王”。

《三国志》的作者陈寿曾这样不无遗憾地评价曹植：“陈思文才富艳，足以自通后叶，然不能克让远防，终致携隙”。

诗歌是曹植文学创作的主要领域。前期与后期内容上有很大的差异。前期诗歌的主要内容是表现他的理想和抱负，充满了豪壮的乐观气息和浪漫的情调，如《白马篇》、《薤露行》等。同时也有表现他贵公子生活的诗篇，如《名都篇》、《公宴》、《斗鸡》等。后期诗歌则大多是反映他内心痛苦，多为慷慨悲愤、哀怨惆怅之音。有抒发自己和朋友遭迫害的愤懑的，如《赠白马王彪》、《野田黄雀行》等；有抒写自己被压抑而壮志难酬的苦闷的，如《杂诗》等；有借思妇或弃妇题材来寓托自己的身世遭际，以抒发内心悲苦的，如《七哀诗》、《杂诗》（南国有佳人）、《美女篇》等；有借游仙题材幻想解脱的，如《游仙诗》、《仙人篇》、《远游篇》等。

曹植作为建安文学的集大成者，对于后世的影响是不小的。在两晋南北朝时期，他被推尊到文章典范的地位。曹植还是诗歌史上第一位大力写作五言诗的诗人，现存九十余首诗中，就有六十多首五言诗，他的写作完成了乐府民歌到文人诗的转变，大大地推动了文人五言诗的向前发展，在中国文学史上占有非常重要的地位。

分道扬镳源自
一个有趣的历史故事

在现代成语中，我们把道不同不相与谋者的分手叫做分道扬镳。镳指马嚼子，扬镳即为驱马前行。分道指各走各的路或各干各的事。鲜为人知的是，这个成语产生于一个有趣的历史故事。

“分道扬镳”语出自北齐·魏收《北史·魏诸宗室·河间公齐传》的一个故事中的一段话：“……洛阳我之丰沛，自应分路扬镳。自今以后，可分路而行。”说这话的是大名鼎鼎的北魏孝文帝，其来龙去脉是这样的：

东晋十六国之后，中国历史进入南北分裂、南北对峙的阶段，史称南北朝。北魏是南北朝时期北朝的第一个王朝，于十六国时期由拓跋鲜卑所建，前身为代国。前秦于淝水之战崩溃后，代王拓跋什翼犍之孙拓跋跬举兵复国，都盛乐，改国号为“魏”，史称北魏。

北魏孝文帝是北魏的第六位国君，他是我国历史上一位杰出的政治家，他5岁登基，24岁时正式接替祖母文明太后执掌政权，紧接着便开始了“文治”政策。493年起，孝文帝以南征为名义，将都城从平城（今山西大同）迁至曹魏故都洛阳。在洛阳，他进行了许多政治、经济和文化上的改革，其中最重要的就是推行均田制、改革鲜卑旧俗、实行汉化政策等，大大促进了各民族的大融合。

成语分道扬镳的故事，便发生在这场大改革中的都城洛阳。

在孝文帝时期的北魏宗室中，有一个人原叫拓跋齐，后更姓改叫元齐，他颇富韬略，统兵有方，能征善战，曾建下了灭赫连夏、北燕等的不世奇功。孝文帝论功行赏，先封他为浮阳侯、浮阳公，后封他为河间公。元齐有一个儿子叫元志。他聪慧过人，饱读诗书，才华出众，能力超群。孝文帝很赏识这个元志，任命他为洛阳令，主掌洛阳地方政事。不久以后，孝文帝采纳了御史中尉李彪的建议，从山西平城（今山西大同市东）搬迁到洛阳建都。这样一来，洛阳地位陡升，贵为一国之都，洛阳令成了“京兆尹”。元志的权势自然也随之增大，年纪轻轻的他渐生骄气。

在洛阳，元志仗着自己的才能，对朝廷中某些学问不高的达官贵族，往往不放在眼里。一天，元志外出游玩，恰巧碰到一个叫李彪的官员乘坐马车从对面飞驰而来。这个李彪也很不简单，他字道国，儒生出身，精通典章，深得孝文帝信任，此时已经任职御史中尉，与尚书仆射游肇、幽州刺史常景等共同居住在洛阳东阳门外的昭德里，官位比元志高出许多。

按理说，官小的元志此时应该先让李彪过去，可他偏不让路，双方由此僵持下来。李彪见他这样目中无人，当众责问元志为何不让路，元志却说：“我是都城洛阳的长官，你不过是洛阳户籍中编入的一个住户，哪有长官给辖下住户让路的？”

两人互不相让，且争执不下，于是他们来到孝文帝那里评理。一见孝文帝，李彪先开口说话了，说他是“御史中尉”，官职比洛阳令大多了，洛阳令作为一个地方官怎敢同他对抗，居然不肯让道，真是岂有此理。元志丝毫不逞多让地说，他是国都所在地的长官，住在洛阳的人都编在他主管的户籍里，御史中尉也概莫能外，作为“京兆尹”，御史中尉李彪也是自己的辖下住户，应该是李彪给自己的属地长官让道才是啊。

宽厚的孝文帝听了他们的话，觉得他们各有各的道理，于是便笑着给他们提出了分路而行的解决办法，说：“洛阳是我的京城。我听了，感到你们各有各的道理。我认为你们可以分开走，各走各的，不就行吗？”

皇帝金口玉言，一言九鼎，两人听后连连称是。于是，元志和李彪从朝廷出来后就拿着尺子，将经常通行的道路进行了丈量，各取一半，从此各走各的道。此后，“分道扬镳”一语便逐渐流行开了。

“戈”为何能成为古代第一兵器

汉语中与战争有关的字词多含“戈”,字有武、战、伐、戍等;词有枕戈待旦、止兵息戈、大动干戈、化干戈为玉帛、反戈一击等。由此可看到戈在古代兵器中绝对老大的地位,这一独特地位一直从远古保持到秦汉。

从作战的角度来看,戈与刀剑斧矛等相比,战斗力明显逊色。戈是中国古代的一种特有带柄兵器,可用于钩、啄、割等。它有横刃前锋,垂直装柄,其内刃用于钩割,外刃可以推杵,而前锋用来啄击对方。当用戈钩住敌人回拉时,自然同时也将自身的要害暴露给对方了。将敌人拉向自己的风险很大,一旦不能重创敌人,很容易反遭其害。这就不如剑与矛直接刺杀方便;如果采取啄击的方式,戈的战场杀伤力又明显不如刀与斧等。

那么,战斗力具有很大局限性的戈为何能成为古代第一兵器?可能有人要说,其他作战力强的武器当时还没出现。事实不是这样的,这些更具战斗力的武器当时早已有了,现在出土的商朝文物中就有青铜剑、矛头等。如斧钺等至少在新石器时代就出现了,但在当时并没有被大规模用作武器,而是作为礼器及权力标志物,有时也用作刑器。

原来，“戈” 成为古代第一兵器的主要原因与当时盛行的作战方式有关。

先秦时期，作战方式以马拉木质战车的交战为主。据有关资料推断，夏代已开始使用战车进行小规模车战，经商代、西周以迄春秋，战车一直是这一时期军队的主要作战装备，驾乘战车作战即成为这一时期战争的特征。战车是当时的诸侯国最重要的军事装备，战车的拥有量，也是衡量各国军事力量的基本标准。

车战的基本作战单位是乘。乘是以战车为中心配以一定数量的甲士和步卒（徒兵），再加上相应的后勤车辆与徒役编组而成。所以乘是车、卒组合的基本单元，也是当时军队的基本编制单位。古代车战分攻守两种，攻车直接对敌作战，守车用于屯守及载运辎重。考古发掘证实，商代的战车为四马两轮，木质结构，重要部位一般还饰以青铜车器，西周和春秋时期战车的形制大体略同。

作战时，甲士在车上，步卒以两为单位随同战车行动；各战车队的战车则以一定方式展开成阵。车上的甲士以手中的武器交手格斗，如果手中的武器是矛等直击兵器，如果以刺不中，两车错过后，就失去了毙敌的机会。这时，戈的钩击功能便可大显其威。车上的甲士以手中的戈钩住对方颈部或衣甲，用自身战车奔行的力量将对方拖下来致死或杀死。当时的步军也在作战中普遍使用戈，举戈执盾的战斗方式在先秦时期非常普遍。

车战为主的先秦战争中，戈的优势是其他武器所无法比的，所以被列为当时的第一兵器。

直到战国时期，各国军队中战车的绝对数量仍然可观，笔者考证，《史记·张仪列传》就记述了当时秦军的组成是“带甲百余万，车千乘，骑万匹”。战国后期，铁兵器的广泛采用和弩的改进，使步兵得以有效地遏止密集整齐的车阵进攻。同时，由于战车本身车体笨重，驾驭困难，特别是当参战车辆的数量骤增以后，战车对于战场地形及道路条件仰赖日趋严重，其机动性随之减低，而小块耕地的大量出现又严重地破坏了井田的道路系统，更增加了战车团队运动作战的困难。此外，随着战争性质和结构的转变以及城邑地位的提高，对要塞的争夺日趋频繁，从而大大降低了战车在作战中的地位。于是，秦汉以后，传统的车战被历史所淘汰，戈自然也就随之退出了战争的历史舞台。

古代行刑为何要选在“午时三刻”

在旧小说和戏文中，我们常常可以看到或听到在处决犯人时，朝廷的那些命官们总会说：“午时三刻，推出去斩了！”尤其是犯人被押送至法场，如果时辰不到“午时三刻”，还得等，等时辰一到，才开刀问斩。

为什么当时行刑总是选在“午时三刻”？其实是有一定讲究的。

这个得从我国古代的计时办法说起。现时每昼夜为二十四小时，在古时则为十二个时辰。古时的时辰不以一二三四来算，而用子丑寅卯作标，又分别用鼠牛虎兔等动物作代，以方便记。

具体划分如下：子（鼠）时是十一到一点，以十二点为正点；丑（牛）时是一点到三点，以两点为正点；寅（虎）时是三点到五点，以四点为正点；卯（兔）时是五点到七点，以六点为正点；辰（龙）时是七点到九点，以八点为正点；巳（蛇）时是九点到十一点，以十点为正点；午（马）时是十一点到一点，以十二点为正点；未（羊）时是一点到三点，以两点为正点；申（猴）时是三点到五点，以四点为正点；酉（鸡）时是五点到七点，以六点为正点；戌（狗）时是七点到九点，以八点为正点；亥（猪）时是九点到十一点，以十点为正点。

古代除了用圭表、日晷计时外，还以漏刻计时。这种计时方法分一昼夜为一百刻（一刻相当于今天的 14.4 分钟）。“漏刻”中的“漏”指漏壶；“刻”指刻箭。漏刻是一种比日晷用途更大的计时器，它可以用来计时、守时，而且不受夜晚和天气变化的限制。

最早的漏壶很简单，就是一把带提梁的壶，在壶的下边留一小孔，箭杆上有刻度。看水退到哪一刻度就知道是什么时间。经过不断改进，漏刻的结构日臻完善。我国目前现存最完整的一件古代计时漏刻，是元代所造，现收藏于中国历史博物馆。这套漏刻由四个漏壶组成，安放在阶梯式的座架上，高 2.64 米。由上而下，最上层的漏壶叫做日壶，第二层的叫做月壶，第三层的叫做星壶，最下层的叫做受水壶。日、月、星壶的下部都有一个滴水龙头，水依次沿龙头下滴。在受水壶铜盖中央，插着一把固定的铜尺，自上而下刻有子到亥时，共十二时辰。另外还有一个木质的浮箭，固定在浮舟上，紧靠铜尺，指向时辰刻度。

漏刻在中国古代计时中一直扮演着重要的角色，直到近代西方钟表传入并在中国推广，才逐渐退出历史舞台。

那么，“午时三刻”是现在的什么时间呢？

古代以两个小时为一个时辰，子时是夜里十一点到凌晨一点，那么午时应该在中午的十一点到一点之间，午时三刻应该是在十一点四十五分左右。

午时三刻将近正午十二点，太阳正当空，是地面上阴影最短的时候。此时，正是大气、地表、云层等接收太阳辐射，使周围环境温度大幅上升的时候。这在当时人看来是一天当中“阳气”最盛的时候。

中国古代一直认为杀人是“阴事”，无论被杀的人是否罪有应得，他的鬼魂总是会来纠缠作出判决的法官、监斩的官员、行刑的刽子手等等和他被处死有关联的人员。所以在阳气最盛的时候行刑,可以压抑鬼魂不敢出现。这应该是习惯上“午时三刻”行刑的最主要原因,所以在旧小说和戏文中才多出现“午时三刻”问斩的画面和场景。

“午时三刻”问斩犯人还有另一层意思。在“午时三刻”,人的精力最为萧索,往往呈现昏昏欲睡的状态,处于“伏枕”的边缘,所以此刻处决犯人,犯人在被砍头的瞬间,也许痛苦会减少很多。如此看来,选择这样的时间来处决犯人,也有一些体谅犯人的考虑,体现了古代严酷法治下尚存的一丝人道主义。

古代的稿酬有多高

稿酬是近百年才有的新词，稿酬在古代叫做润笔。这个称呼来自于隋朝，《隋书·郑译传》有一则故事：郑译为皇上拟诏书，有人戏称他“笔干了”，郑答：“不得一钱，何以润笔？”以后把稿费、书画酬金称为“润笔”。

西汉武帝时，陈阿娇皇后被贬至长门宫（冷宫），终日以泪洗面，遂辗转想出一法，命一个心腹内监，携了黄金，向大文士司马相如求得代作一篇赋，请他写自己深居长门的闺怨。司马相如得悉原因，挥毫落墨，落笔千言。这赋名《长门赋》，诉说一深宫永巷女子愁闷悲思，写得委婉凄楚：“……悬明月以自照兮，徂清夜于洞房；忽寝寐而梦想兮，魄若君之在旁……”汉武帝读了很受感动，陈皇后重新得宠。

《长门赋序》云：“孝武皇帝陈皇后时得幸，颇妒。别在长门宫，愁闷悲思。闻蜀郡成都司马相如天下工为文，奉黄金百斤为相如、文君取酒，因于解悲愁之辞。而相如为文以悟上，陈皇后复得亲幸。”那时还没有润笔这个规矩，陈皇后是以向卓文君买酒的方式送黄金的，是一种变相的支付稿酬吧。

明末清初的大学者顾炎武《日知录》考证，东汉蔡邕以文学、书法冠绝当时，尤擅长制作碑文题记，上门求索者甚众，

“非利其润笔，不至为此”。

南宋学者洪迈在《容斋随笔》中说：“作文受谢，自晋、宋（这里是指南朝的刘宋政权）有之，至唐始盛。”也就是说，到了唐代，润笔就成了一种约定俗成的文人写作收入了，那个时代，有不少文人曾拿到过数目很可观的润笔，足以令今人羡慕不已。

名列初唐四杰之首的王勃，很善于写文章，不但写得快，而且文辞华丽。请他代笔写文章的人有很多，因此，他家里“金帛盈积”（《唐才子传》记载）。

曾任北海太守的唐代书法家李邕，他不但书法写得好，文章也一流，朝廷中的达官贵人和各地寺庙，纷纷拿着金钱请他写文章。李邕一生，这类文章写过八百篇，“受纳馈遗，亦至巨万”。但他却好尚义气，爱惜英才，常用这些家资来拯救孤苦，周济他人。杜甫有诗描写李邕家的豪华奢侈：“干谒满其门，碑版照四裔。丰屋珊瑚钩，麒麟织成罽。紫骝随剑几，义取无虚岁。”《新唐书》本传上说，当时大家公认，自古以来，因为写文章获得钱财之多，没有人可以比得上李邕。

唐代宪宗年间，李愬曾出兵奇袭，雪夜克蔡州，活捉了地方“军阀”吴元济，这就是历史上有名的淮西战役。但淮西报捷后，韩愈为《平淮西碑》撰写碑文，把功劳记在另一位大将韩弘身上，对李愬则一笔带过。韩弘喜出望外，拿出五百匹绢赠韩愈。而淮西将士对此极为愤怒，李愬部将石孝忠冒死推倒了韩文碑。虽然韩愈写的碑文表彰的对象有争议，但此文确实写得精彩备至，古意盎然，桐城派大家张裕钊赞为“此文自秦后，殆无能为之者。”此碑文如行云流水，如大江出峡，汪洋恣意，一挥而就。文章之华美，可谓“下笔烟飞云动，落纸鸾回凤惊”。

韩弘高兴地一次性给了韩愈500匹绢权作润笔。按《中国物价史》第 109 页所记唐朝开元盛世时物价，绢一匹值 200 文，米一斗值 13 文，韩弘给韩愈的 500 匹绢，大致相当于 7690 斗米。又按左光明《中国度量衡考》第 259 页所记唐朝量器，当时一斗米约有 13 斤。现在买 13 斤普通大米，大概需要 26 元，买 7690 斗则需要 199940 元。也就是说，韩愈一篇文章就拿了近二十万元稿费。

韩愈的这篇碑文，全篇只有 1505 个字，换言之，每个字至少 132 元。韩愈还写了《王用碑》，王用的儿子馈赠韩愈一匹带鞍的宝马和一条白玉带，均价值不菲。据说在韩愈死后，刘禹锡给他写祭文，曾赞之："公鼎侯碑，志隧表阡，一字之价，辇金如山。"

据洪迈《容斋续笔》第 6 卷记载，跟韩愈同时代的另一位著名写手皇甫湜给裴度写过一篇碑文《福先寺碑》，裴度赠送给他车马缯采已经很多，但是皇甫湜仍然很不满意，说："碑文三千字，每个字须三匹缣，你给得也太少了！"裴度于是笑着送给他九千匹绢。皇甫湜是元和元年（806）进士，历陆浑县尉、工部郎中、东都判官等职。他是韩愈的学生，与韩处于师友之间，皇甫湜发展了韩文奇崛的一面。今传《皇甫持正文集》六卷，文三十多篇。

唐朝后期著名诗人元缜死了，白居易给元缜写了一篇墓志铭。元缜的儿子为给白居易的这篇墓志铭发像样的润笔，不惜拿出银制的马鞍、玉做的腰带以及丫环、马车和绫罗绸缎等等好东西，折合铜钱六七十万。笔者考证，白居易在他的《修香山寺记》中，曾翔实记载了他反复谢绝老友元稹作墓志的报酬，不成后遂将其捐献用于修葺香山寺之事；元家给他的"舆马、绫帛及银鞍、玉带之物，价当六七十万"，他全部捐给了香山寺，并称"凡此利益功德，应归微之（元稹的字）"。

成书于高宗绍兴十五年的《宋朝事实类苑》，共 78 卷，记录了北宋太祖至神宗一百二十多年间的史实。宋朝事实类苑记载，宋太宗为了奖励宫廷文人，设笔专款“润笔钱”，并“降诏刻石於舍人院”。宋代官俸较薄，皇家有此之设，也算是对文人的人文关怀了。

北宋僧人文莹撰写的笔记《湘山野录》卷上记载：翰林学士孙抃撰写《进李太后赦文》，宋仁宗读后“感泣弥月。明赐之外，悉以东宫旧玩密赍之”。皇帝要秘书写公文尚有恩赐，则臣下例有馈赠更不待言。如北宋名臣寇准拜相时，杨亿（字大年）撰写制书，其中称寇准“能断大事，不拘小节”，寇准认为“正得我胸中事”，于是给作者“例外赠百金”。

清代的润笔，初期为个别现象，至中后期则逐渐成为一种普遍的社会现象。润笔对明朝中期以后的文化作品商品化，起到了推波助澜的作用。翻开明代中期以后官员的文集，像严嵩、海瑞、张居正、汪道昆、王世贞等，不管是倾朝权贵，还是清正官绅，文集中都充斥了应酬性文章，其中相当一部分是收了费的。即如海瑞，其闲居在家，有薄田四十余亩，却也为人作文，接受馈赠。如接受琼州府官员、书生以及乡绅请托，作《赠史方斋升浙藩大参序》、《赠总督府洋山陵公罗旁序》、《赠大尹吴秋塘德政序》等歌功颂德之文数十篇，作《寿顾母何氏八十三序》、《贺屈元礼生子序》等颂寿贺生之文数篇，以及《内江龚氏谱序》和《汴水寻源卷序》等，都是有酬谢的。

清代的润笔之风更盛。清初，病危的钱谦益，利用黄宗羲的文笔与自己的名气，三篇文章所得的润笔竟达三千两白银，这三篇文章是墓志铭、诗序和庄子注序。

清代的郑板桥晚年所写就的妙文《板桥润格》，更是对自己作品的润笔明码标价，他自订润笔费标准、拒收礼物，且作诗说：“画竹多于买竹钱，纸高六尺纸三千，任渠话旧任交接，只当秋风过耳边。”其六亲不认，只认现银的姿态确实是惊世骇俗的。据考证，郑板桥写下《板桥润格》的乾隆中叶，每两银子约合五百文，每斗米价值六十文。也就是，郑氏每作一大幅，可买米五十斗，亦即一千斤米左右。

古人对金钱的九个有趣称呼

金钱这个东西，人人都喜欢，和它有仇的不多。金钱文化在我国源远流长，我国是世界上最早使用铸币的国家。距今三千年前殷商晚期墓葬出土了不少“无文铜贝”，为全球最原始的金属货币。历史上最早出现钱字的货币是三国时期的“太平百钱”。钱在各个历史时期都有一些有趣的别称和轶事，且听逐一道来。

第一个称呼：“泉”。战国时期称钱为“泉”。钱称为泉，主要还是从古钱外形演绎而来的，因为秦半两，外圆内方，具有“周流四方”的意义。故泉就泛指外圆内方的方孔钱。泉是由四面八方汇集在一起，再流向四面八方。钱与“泉”又是近音，直到现在，集币迷们仍以“泉友”相称，如今的钱学家也称泉学家。

第二个称呼：“邓通”。邓通就是钱的别称。《汉书·食货志》记载：文帝时“邓通大夫也，以铸钱财过王者。”邓通是西汉文帝刘恒的一个宠臣官居上大夫。文帝曾赐给邓通一座铜矿山，并破例允许邓通开矿铸钱，因而邓通钱遍布天下。故邓通成为钱的别称也是顺理成章的事了。著名的明代小说《金瓶梅》就有“功名全仗邓通成”的诗句。

第三个称呼："货泉"。王莽称帝后，十分嫉恶刘氏。因为钱字有"金、刀"，而"刘"字正是由"卯、金、刀"组成（皆指繁体字），王莽便改称钱为"货泉"。货泉始铸于新莽天凤元年（14）。钱文悬针篆书，"径一寸，重五铢，文右曰'货'，左曰'泉'，枚直一，与货布二品并行"（《汉书·食货志》）。货泉传世最多，品类最杂。从现今发现的版别来看，有传形、异书、异范、合背、呈月、决纹、剪边、圆穿、花穿等近百种之多。

第四个称呼："白水真人"。刘秀建立东汉政权以后，对王莽货泉十分欣赏，继续沿用货泉达16年之久。如今发现的货泉，绝大多数为刘秀后来新铸。刘秀为何喜欢货泉？这里还有一个典故。是因王莽货泉，钱文篆书，独具特色，"货泉"中的"泉"字，可以拆成"白水"两个字，"货"（货的繁体=貨，字形如同亻+真）字又可以拆成"真人"两个字。刘秀当初起兵白水乡，他把货泉视为他受命中兴之兆，便把自己比作"白水真人"，把货泉也改称为"白水真人"钱。

第五个称呼："阿堵物"。典出《世说新语·规箴第十》：南北朝名士王夷甫（即王衍）"雅尚玄远"，为人清高，从不提"钱"字。他的妻子想试试他，就趁他睡熟时让婢女拿钱把床围起来。王夷甫醒来后气得连叫婢女"举却阿堵物"。"举却"就是拿开的意思。"阿堵"为六朝人口语，意为"这，这个"。从此"阿堵物"就成了钱的别称。北宋大诗人、"苏门四学士"之一的张耒曾在其诗《和春昝》之二中云："爱酒苦无阿堵物，寻春乃有主人家。"

第六个称呼："孔方兄"。"孔方"、"兄"，最早见于晋人鲁褒所著《钱神论》："亲之如兄，字曰孔方。"并说"失之则贫弱，得之则富昌"。古人把一百来个半成品铜钱穿在一根棍子上修锉外沿，圆棍穿钱，修锉时来回转动，方棍穿钱，就避免了这些麻烦。于是，铜钱中间有了方孔。钱为何称"兄"？钱字由

“金、戈、戈”组成，“戈”与“哥”音同，于是“称兄道弟”。笔者考证，关于这个还有一种说法是，宋朝大诗人黄庭坚因得罪了朝廷被降职，他的亲友们便渐渐与他疏远起来，他很伤心，遂写了一首诗，诗中有这样两句：“管城子无食肉相，孔方兄有绝交书。”诗意是我被降职后，只有笔墨相随（“管城子”是笔的别称），只有笔墨无庸俗相，不像有些人都不愿和我来往了；而钱，更与我绝交了。由于此诗的广泛流传，“孔方兄”就这样成了“钱”的代名词。

第七个称呼：“青蚨”。此典故见于晋干宝的《搜神记》。据说其虫生子必依草叶，大如蚕子，取其子，母即飞来，无论远近。以母血涂钱八十一文，买东西，无论先用母钱或先用子钱，皆复飞归，轮转无已。“青蚨飞去复飞来”，寄托了希望钱久用不减的心愿。

第八个称呼：“上清童子”。唐代的郑还古的《博异志》中有一个故事：在唐贞观年间，岑文本在一座山的山顶避暑，有一天听到敲门声开门一看，只见一个自称“上清五铢”的童子。一番对话后，童子出门而消逝在墙角。岑文本在墙下拣到一枚五铢钱，他顿时领悟到“上清童子”原是钱的化身。唐代以后，人们用“上清童子”作为钱的雅号。

第九个称呼：“没奈何”。洪迈《夷坚支志戊·张拱之银》记载：“俗云张循王在日，家多银，每以千两熔一球，目为没奈何。”翻译成白话就是，宋人张循王家中富有，怕人盗取，为此，他让人把每一千两白银熔成一个大球，称为“没奈何”，意思是谁也奈何它不得，连窃贼也没法偷窃。

迷雾散尽处——历史揭秘

正史中完美的周瑜为何遭后世狂贬?

在史书《三国志》里,陈寿对于周瑜的评价很高,多次以"英隽异才"、"王佐之才"、"年少有美才"、"文武韬略万人之英"盛赞之,并评价其:政治上高瞻远瞩,忠心耿耿;军事上"胆略兼人",智勇双全;人格修养上,"性度恢廓",情趣高雅。

周瑜(175—210)字公瑾,庐江舒县(今安徽庐江西南)人。东汉末年东吴集团将领,杰出的军事家。美姿容,精音律,长壮有姿貌,多谋善断,胸襟广阔。后与诸葛亮、庞统、司马懿并称卧龙凤雏幼麟冢虎。

周瑜出身士族,堂祖父周景、堂叔周忠,皆为东汉太尉。其父亲周异,曾任洛阳令。周瑜自幼与孙策交好,孙策初崛起时周瑜随之扫荡江东,并送钱粮物资助孙策成就大事。袁术仰慕周瑜的才干,欲聘周瑜为将,但是周瑜以袁术难成大事而拒绝,其后设法正式投奔孙策,与孙策一起南征北战,为打江东基业立下汗马功劳,深受孙策信任。孙策遇刺身亡后,周瑜与张昭一起共同辅佐孙权,执掌军政大事。曹操消灭袁绍后,威逼孙权送儿子为人质,周瑜志向高远,劝阻孙权送质。赤壁大战之时,力主抗曹,并慧眼预见到曹军的劣势和己方的优势,指挥全军在赤壁、乌林大败曹军,是以少胜多的赤壁之战的头号功臣。其后又成功地攻克了荆州战略要地南郡，曹仁败走。赤壁之战后，周瑜向孙权建议出兵攻取蜀地，消灭张鲁，吞并刘璋，与曹操二分天下，体现了一个军事战略家的远见卓识。周瑜在江陵进行军事准备时死于巴陵，时年36岁。

周瑜去世，孙权痛哭流涕，说："公瑾有王佐之才，如今短命而死，叫我以后依赖谁呢？"他称帝后，仍念念不忘周瑜，曾对公卿们说："没有周公瑾，我哪能称尊称帝呢？"东吴的王图霸业，随周瑜猝死化为泡影，自此从欲染指天下转为偏安一方。可见周瑜在东吴所起的作用是无人可替代的。

《三国志》记载，周瑜举贤荐能可比鲍叔；折节为国可比蔺相如；谦礼忠君无人能比。雅量高致，气度恢弘。孙策初亡，孙权"是时权位为将军，诸将宾客为礼尚简，而瑜独先尽敬，便执臣节。性度恢廓，大率为得人，惟与程普不睦。"诸将礼简时，周瑜对比自己年幼的孙权极为恭敬，因此有性度恢廓评语，仅与程普不和，但他折节下交，终令程普叹服。史载，"普颇以年长，数陵侮瑜。瑜折节容下，终不与校。普后自敬服而亲重之，乃告人曰：'与周公瑾交，若饮醇醪，不觉自醉。'时人以其谦让服人如此"。

与人相交时如饮醇酒，典故就出自程普与周瑜交往的感受。而陈寿提到的"曲有误，周郎顾"，则成为后来的文学作品中一个常用的典故。陈寿在《三国志·吴书·周瑜传》中记载："瑜少精意于音乐。虽三爵之后，其有阙误。瑜必知之，知之必顾，故时人谣曰：'曲有误，周郎顾。'"

如此一个刚柔相济的人物又有无可挑剔的优秀品格和令人赞叹的文武宏才，加之上天又特别偏爱给了他俊美的外貌，内外皆秀又风度翩翩，周瑜称得上是十分完美，像他的名字一般如瑾似瑜。

然而到了后世，周瑜的形象却开始不断地变异，甚至最后在民间变得面目全非了。

到了东晋，周瑜的厄运就来了。这个偏安江左、只拥有半壁江山的封建王朝，为了维护自己的统治地位，开始在正统论上大做文章。他们巧妙地选择了同样割据一方的蜀汉作为正统，开始认定，周瑜为“小人”。这其中最具代表性的就是习凿齿的《汉晋春秋》。

此后数百年，蜀魏正统之争纷纷扬扬。到了唐朝，正统之争开始出现在唐诗中。首先是杜甫，对蜀汉的诸葛亮极为推崇，对于这位忧国忧民的名相表现出了深深的同情。再就是杜牧，这位诗人在诗中不加掩饰地调侃周瑜，历史在文学中开始出现偏差，“东风不予周郎便，铜雀春深锁二乔。”

到了宋朝，宋人治史之风颇盛，常常明是治史实为思想政治观的较量，文人政客间的朋党之争更是惊心触目，三国正统之争也在争斗之列，宋文坛多位大家被卷入。最终朱熹的理学占据了历史的上风，帝蜀寇魏、尊刘贬曹渐成定局。随后的元明清三代，史家多承朱熹的“帝蜀寇魏”论。人物的善恶褒贬也随之潮起潮落，数度浮沉，最尴尬的当属身处其中的东吴。为了尊刘，自然就得贬曹贬孙，作为孙权集团的周瑜，其形象自然也难逃打压。

然而，在民间的话语权里，周瑜的身后命运更惨。

三国故事在三国时代结束之后不久便在民间有所流传。到了宋代，周瑜的形象已经彻底地扭曲了。如今所能找到的年代最为久远的资料，就是宋元之际出现的话本《三分事略》。在这部为适应市民娱乐需求而产生的话本中，周瑜的形象已经是一落千丈了：在政治上，他鼠目寸光，为一己私利而置国家安危于不顾；在军事上，他看似颇有才华，却又似乎人皆可败；在人格修养上，他好大喜功，心胸狭隘。史传文学中那个雅量高致、出众人之表的周公瑾已经荡然无存，取而代之的是一位才智碌碌、妒贤嫉能的平庸之辈。

市井间“尊刘贬曹”的观念早已有之。在苏轼的小品《东坡志林》中，就曾对民间三国有过这样的描述：“至说三国事，闻刘玄德败，颦蹙眉，有出涕者；闻曹操败，即喜唱快。”民间对人物的褒贬品评有着自己的立足点和出发点。他们“尊刘”，拥“帝蜀”，而对于站在对立面的周瑜，自然不会有好感。

之后，罗贯中著的《三国演义》的出现，彻底把周瑜的形象钉在了自相矛盾的演义标准上。

一方面，它肯定周瑜结交孙策，开拓江东，定建霸业；举荐鲁肃，纳降甘宁，举贤任能；最后火攻破敌，建立不朽功勋。

而另一面，当遇到刘备集团的中心人物，周瑜又不得不退一射之地。对于那些中心人物，周瑜只能是陪衬。

这一切，在那句“既生瑜，何生亮”的感叹中仿佛达到了极点。

《三国演义》对周瑜的形象做了大量的扭曲贬低，在此将演义与正史不同之处进行对比，以正视听。

关于诸葛亮三气周瑜：正史记载，连刘备都评价周瑜“器量广大”，周瑜气量宽宏根本不会被气死。从赤壁之战结束到周瑜病逝的两年间，诸葛亮正在零陵一带搞后勤工作，根本没有和周瑜见过面。至于周瑜病逝后，送丧吊唁的是周瑜旧下属庞统，而不是诸葛亮。

关于草船借箭：草船借箭的人正史上是孙权，演义描写周瑜嫉妒诸葛亮是彻头彻尾的捏造，三国演义之祖《三国志平话》中巧计借箭的正是周瑜本人。

关于赔了夫人又折兵：历史上是孙权自己要把妹妹嫁给刘备，单纯的政治婚姻，和周瑜的计谋根本没关系。

关于智激周瑜：纯粹子虚乌有。周瑜是东吴最有力的主战派人士，正是孙权听了他的劝说才有了赤壁之战。

关于借东风：虚构，诸葛亮并未参与赤壁之战，赤壁乃周瑜等东吴将领之功。

关于荆州问题：实乃周瑜死后，鲁肃为了“联刘抗曹”把周瑜打下的荆州南郡地区借给刘备。周瑜生前掌握江陵彝陵等入川水道，东吴攻打西蜀不存在和刘备借道的问题。周瑜死后，在鲁肃的主张下把南郡地区借了刘备，此后东吴派出孙瑜伐蜀被刘备挡道，演义中可能故意把孙瑜和周瑜搞混了。

正史的影响力，远远不及永远的畅销书、拥有亿万读者的文学作品《三国演义》，明朝之后，人们对周瑜的了解主要来自于《三国演义》，周瑜的“既生瑜，何生亮”的叹息回荡在几百年来的民间话语中。

唯一被追认为皇帝的太监是谁？

魏明帝曹睿即位后，追尊其高祖曹腾为高皇帝，其夫人吴氏为高皇后，直到西晋代魏，这个称号都一直保存着。曹腾也成为曹魏王朝五个拥有帝号的人物之一（魏高皇帝曹腾，魏太皇帝曹嵩，魏武皇帝曹操，魏文皇帝曹丕，魏明皇帝曹睿，因司马专权，曹睿的后继者皆不得享有帝号）。

历史上，被正式授予正统王朝皇帝称号的宦官，仅曹腾一人而已，可谓空前绝后。《三国志·武帝纪》裴注和《后汉书》，均载有《曹腾传》。宋代诗人刘克庄有首诗《杂咏一百首·曹腾》这样写他："费亭侯在日，乱已有萌芽。养得螟蛉种，犹能覆汉家。"

曹腾是曹操的祖父，字季兴，东汉著名的宦官。曹腾的父亲是曹节，字符伟，生有三子。曹腾排行第三，从小就被送入皇宫当宦官。司马彪的《续汉书》记载一段曹节的小故事，曹节的邻居丢了一头猪，到曹节家寻找，指认曹家的一头猪就是他走失的猪，曹节不与他争执，让邻居将猪牵回去。后来邻居家走失的猪自己跑回家来，邻居感到羞愧，赶忙登门道歉，送还曹家的猪。曹节也不责怪，笑着接受了。于是乡里之间都称赞曹节是一位仁慈敦厚的人。从这个故事来看，曹节应是个普通的乡下农户，也许因为经济因素，才会将曹腾送到宫中当宦官吧。

宦官，俗称太监。文书上的称谓很多，例如有阉人、阉宦、宦者、中官、内官、内臣、内侍、内监等等。这些男子生殖器官被阉割后失去性功能而成为不男不女的中性人，这批人是历代王朝在宫廷内侍奉皇帝及其家属的奴仆。据记载，我国先秦和西汉时期的宦官并非全是阉人；自东汉开始，才全部用阉人。这是由于在皇宫内廷，上自皇太后、太妃，本朝后、妃以及宫女等，女眷较多，如果允许男侍出入，难免会发生秽乱宫闱之事。所以绝不允许有其他成年男性在宫内当差。

东汉安帝时，曹腾入宫为宦。邓太后认为他年轻、温顺、忠厚，选他倍伴太子（顺帝刘保）在东宫读书。由于他为人恭谨，很受太子的喜爱。后与女子吴氏结为“对食”夫妻，并收养夏侯家少年为子，即曹操的父亲曹嵩。

汉顺帝即位后，曹腾升任中常侍。他在宫内供事三十多年，一直小心谨慎，其家族也从不在家乡横行霸道。而且曹腾又经常向皇帝推荐一些名士，如陈留虞放、边韶、南阳延固、张温、弘农张奂、颍川堂溪典等。当时有个蜀郡太守通过计吏（每年去中央汇报地方工作的吏员）顺便送些礼物给曹腾，结果被益州刺史种暠在斜谷关查出。种暠上书告发蜀郡太守，而且由此弹劾曹腾，请求交给廷尉治罪。皇帝却说：“信是从外面来的，不是曹腾的过错。”（帝曰：“笺自外来，腾书不出，非其罪也。”）于是扣下奏折。结果曹腾丝毫不介意此事，常常在皇帝面前称赞种暠是有才能的官员，能掌握为臣的法度，使得种暠不断升迁，位至司徒。后来种暠还感慨说：“我能当上司徒，都是曹常侍的帮助啊！”曹腾约束家族并且亲近士大夫，得到了当时社会各界对其的普遍赞誉。

汉顺帝永和四年（139），中常侍张逵、蘧政，内者令石光，尚方令傅福为夺权陷害曹腾、孟贲，结果反被顺帝诛杀。

汉顺帝死后，刚刚满两岁的幼子汉冲帝在继位一年以后又夭折。当时大臣们都认为应该立一位年长有德的宗室当皇帝，都属意于清河王刘蒜，外戚大将军梁冀为了继续掌权，却立了年仅八岁的刘缵当皇帝，即汉质帝。但这位小皇帝也很聪明，在朝会时指着梁冀对群臣说："此跋扈将军也。"惶恐的梁冀又毒死了这位即位才一年多的小皇帝。这时大臣们强烈要求立清河王刘蒜，梁冀本来打算立自己的妹夫蠡吾侯刘志，但见群情激昂，也没了主意，不知道该怎么办才好。

清河王刘蒜"为人严重，动止有度，朝臣太尉李固等莫不归心焉。"但是曹腾等宦官曾经拜见刘蒜，刘蒜并不以礼相待，引起了曹腾等人的仇视和畏惧。曹腾等人连夜赶往梁冀家中进行劝说，对他说："将军世代都是皇亲国戚，总理朝政，人际关系复杂，有很多违反法度的地方。清河王严明，如果最后成为君主，那么将军遭受灾祸就为期不久了。不如立蠡吾侯，富贵可以长久保持啊。"梁冀采纳他的建议，强行立蠡吾侯刘志为帝，既汉桓帝。曹腾以此功劳，迁为大长秋，达到宦官官位的极点，并且被封为费亭侯。大长秋可以说是最大的宦官，执掌奉宣中宫，俸禄二千石，属于列卿一级的高官。

曹腾死后，养子曹嵩（即曹操的父亲）继承爵位。桓帝末年曹嵩就已官拜司隶校尉，到了灵帝即位，又升任大司农、大鸿胪，先后掌管国家的财政礼仪，位列九卿，位高权重。东汉末年，朝中有花钱捐官的制度，曹嵩并没有满足于大鸿胪的职位，花去万金为自己捐了太尉一职。太尉居"三公"之首，曹嵩由此达到了自己政治生涯的最高峰。

东汉末年时局动荡，十常侍乱政时，曹嵩辞官居于洛阳。因为董卓入袭汉宫，王允吕布诛董卓，李傕郭汜大交兵等等，洛阳已成是非之地，曹嵩带着家资家眷到泰山华县避祸。后曹嵩又带着次子曹德与妻妾，离开华县前往曹操的大本营兖州。浩浩荡荡地到了徐州境内时，陶谦派遣两百名卫兵，交给张闿护送曹嵩。依照《吴书》的记载，这张闿抵抗不了一百多辆车行李与金银财宝的诱惑，走到泰山与华县、费县之间，就指挥卫兵，把曹嵩杀了，劫去曹嵩的财物，逃往淮南。和曹嵩一起成为刀下之鬼的还有次子曹德，夫人邹氏（曹操之母），姬妾赵氏等。

曹操一口咬定曹嵩是陶谦派人所杀，立即接连发动了两次对徐州的战争，声称为父报仇。有五个城的男女老少，几十万人，包括从陕西因李傕、郭汜之乱，而逃到徐州来的难民，都被曹操指挥部队杀光。这五个城是现在称为徐州市的彭城、峄县之南的傅阳、睢宁西南的取虑、现在称为睢宁的睢陵与安徽泗县之西的夏丘。曹操屠掉这五城，屠得真正是鸡犬不留，使得“睢水为之不流”，太残忍了！这是曹操一生的大污点。

杨家长子杨延昭为何被称为杨六郎

在民间影响极大、可谓妇孺皆知的《杨家将演义》中，老令公的第六个儿子杨六郎（杨延昭）披肝沥胆精忠报国，颇有其父遗风，并有过之而无不及，历来为后世称颂。

但根据《宋史》所载，杨延昭是杨业的长子。也就是说，历史上真实的杨延昭并非是演义中所说的杨家的第六个儿子。与演义相同的是，《宋史》记载杨业确有七个儿子。但与演义不同的是，《宋史》记载这七个儿子中，除了一子战死外，其他众子都得以善终，并未阵亡、出家或流落番邦。

那么，身为长子的杨延昭为何被称作“杨六郎”呢？原来，这个“六郎”与兄弟排行无关。

熟悉一点天文学的人都知道，古人称天狼星为六郎星，视为将星。杨延昭守卫边境二十多年“智勇善战”，令辽军见之丧胆，其威名为辽人所畏。辽人认定他是天上的六郎星宿（将星）下凡，故称之为杨六郎。对于这一点，有确切记载，《宋史》云：“延昭智勇善战……在边防二十余年，契丹惮之，目为杨六郎。”

杨六郎本名杨延朗，后因避道士赵玄朗（财神赵公明）的讳，改名延昭，为北宋名将杨业的长子。五代时北汉天会元年、后周显德四年，也就是957年，杨延昭出生于山西太原城。当时他的父亲杨业在北汉为官，杨延昭青年时代是在北汉度过的。杨业说过“此儿类我，每征行必以从”（见《宋史·杨业传》），可见杨延昭的青年时代是随着父亲参加过战斗的。

杨延昭之父、骁勇善战的杨业深受北汉君主的器重，他被任命为守边将领，与辽国角逐了很长时间，因而有着丰富的守边经验。史书载，由于他军功卓著，所向无敌，国人称之为“无敌”。在北汉君主刘继元投降北宋后，杨业仍坚持战斗，在宋太宗赵匡义派刘继元亲自来劝降后，杨业才大哭着归降。归附北宋后的杨业依然受到宋太宗的器重，并被授予左领军大将军，镇守边关，亦成为北宋的著名将领。

杨延昭也由此随着父亲经历了不同的王朝。北宋建立后，面临着来自北部辽国的威胁。此时，辽国的疆域，西起金山（今阿尔泰山），北至今蒙古高原北缘和外兴安岭，东抵库页岛（今萨哈林岛），南界的西段大致按今中蒙边界分别与西州回鹘、西夏相接，东段在今内蒙古、山西、河北境内与北宋为界。实力强大的辽国频频进犯北宋边境，为此，北宋决心解除来自辽国的威胁。

杨延昭在北宋历史上的亮相，是在北宋太宗雍熙三年（986）伐辽的战争中开始的。这一年，宋军分山西、河北两线进攻辽军。西路主帅是潘美，杨业为副帅，28岁的杨延昭为先锋。宋军在杨家父子的率领下，在雁门关外进攻辽军，取得了节节胜利，收复了许多城池。杨延昭的勇敢也初次让辽军见识。史籍记载，在攻击朔州时，杨延昭担任先锋攻打辽军城池，胳膊不慎被流矢射穿，但他仍然坚持战斗而且越战越勇，并最终率军顽强地攻下了敌城。

而由宋太宗亲自率领的东线，则在高粱河大败，不得不南撤，因此大批辽军压到西线。当时辽兵势大，杨业认为不可与之硬拼，但随军护军刘文裕等邀功心切，令其进军。杨业哭谏，但仍未被采纳。不得已，他率兵进攻辽军。出发前，他请潘美和刘文裕等在陈家谷口安置伏兵，并准备强弓手以等候他转战至此给以接应。潘美等如约安置了伏兵，但等了很久也不见杨业回来，他们以为宋军一定取得了胜利，正在追击辽军，因此决定撤兵。而此时，杨业率领的宋军与辽军激战正酣。宋军伤亡惨重。直到黄昏时分，杨业才带领残部按事先约定来至陈家谷口，却不料根本没有见到宋军的影子。杨业孤军陷入重围，终因寡不敌众而全军覆没，自己也中箭被俘。在辽营中，杨业宁死不屈，最后绝食三日殉国尽忠。

与杨业一起殉国的，还有他的一个名叫杨延玉的儿子。杨业殉国后，朝廷给潘美贬官三级，将刘文裕等革职罢官。同时旌表杨业"尽力死敌，立节迈伦，诚坚金石，气激风云，求之古人，何以加此！"荣誉表彰之余，朝廷还给予杨家以丰厚的物质奖励。

此役杨延昭突围后，于八月间以丁父忧之名回到河南郑州。丁忧三年后，杨延昭再次应召抗击辽军，担任保州沿边都巡检使，扛起了边关抗辽的重任。

北宋咸平二年（999），辽军大举南下，很快攻到了遂城（今河北徐水县东）。杨延昭正在遂城镇守。当时遂城城小兵少，守军不足三千。而辽军由于萧太后亲临城下，自执桴鼓督战，因此矢飞如雨，进攻猛烈。面对辽军的猛烈攻势，军民都惶恐不安。而杨延昭却从容自若，他召集城中青壮年百姓，发给他们武器，让他们登城与兵士共同作战。当时正值初冬，天气还并不寒冷，不料一日气温骤降，有如天助。杨延昭于是命城中军民大量提水往城墙猛浇，一夜之间城墙变成了既坚固又光滑的"铁城"。辽军面对这样一座很容易被"修复"却无法攀爬的城池，无计可施，只好绕过遂城进攻别处。"一会大寒，汲水灌城

上，旦悉为冰，坚滑不可上，契遂去，获其铠仗（盔甲、兵器）甚众。”（见《宋史·杨业传》）

经此一役，杨延昭威震边关，人们都称杨延昭守卫的遂城为“铁遂城”。宋真宗召见了他并询问应边对策，还称赞他“智勇善战，治兵护塞有父风”。

咸平四年，辽军再次大举南下侵扰北宋边境。杨延昭在遂城西北的羊山设下伏兵，自己率少数骑兵引诱辽军，且战且退。至羊山下，伏兵四起，杨延昭与之夹击辽军，并斩杀辽国大将。这一战宋军大获全胜，尽歼辽军。这就是历史上著名的“羊山之伏”，当地百姓为纪念这一大捷，改“羊山”为“杨山”，杨延昭因功被加封为莫州团练使。他和当时另一位边防骁将杨嗣并称为“二杨”。

宋真宗景德元年（1004），辽圣宗、萧太后再次率兵大举南侵，一直打到北宋腹地澶州。宰相寇准和杨延昭等将领，力主抵抗。杨延昭还上书建议，乘辽兵大举南下之际，出兵取幽、易等州，但是软弱的宋真宗根本没有挫败辽军的信心，没有采纳杨延昭的建议，而是与辽国签订了屈辱的“澶渊之盟”。对此，杨延昭深以为国耻，拒绝接受朝廷“勿伤北朝人骑、勿追契丹”之命，不断痛歼辽军游骑，并且独率所部万余骑，深入辽境，消灭了大量敌军，并一举收复重镇古城（今山西广灵西南）。

河北《南皮县志》还记载了“杨六郎摆牦牛阵”的奇事。一次，杨延昭为抵御来犯的辽军，秘密派人收购了一万多头牦牛。其后，他又下令扎了无数穿戴辽兵服装的草人，草人腹中装上饲料，然后引诱牦牛用牛角上所绑之刀挑开草人腹部吃料。如此训练百余日，众牦牛见到穿辽兵服装的人便猛用角挑。杨延昭觉得时机成熟，便下令将牛饿上三天三夜，然后派人去辽营挑战。待辽兵追来，将万牛放出，牦牛冲入敌阵，见人就挑，辽兵死伤无数，宋军大获全胜。此阵得名“牦牛阵”。据说杨六郎用牦牛阵抵御辽兵的地点在南皮县的凤翔乡万牛张村。1958年时，当地人曾在村前挖出喂牛的石槽、锅台、饮牛大缸等物。

景德二年（1005），杨延昭升任莫州防御使，并出任保州知州兼沿边都巡检使，后又任高阳关路副都部署，主持河北一线的边防。杨延昭从此成为河北前沿的总帅，统兵数万，防守天津至太行山下一线的边防。高阳关、益津关、瓦桥关是河北边防的重要关口（至今河北民间小调《小放牛》中仍有"杨六郎把守三关口"的词句），都在杨延昭的管区之内。他屡次打败了辽兵的骚扰。

杨延昭不但智勇善战，而且能与士卒同甘苦。他"不问家事"，不仅将所得的薪俸都犒赏了部下，而且遇敌必身先士卒而不居功，深受士卒爱戴。杨延昭前后守卫边境二十多年，一〇一四年正月初七，他在边疆要塞去世，卒年57岁。杨延昭镇守河北边防期间，辽兵侵扰较少，老百姓过着比较安定的生活。故此，老百姓十分爱戴他。当杨延昭的灵柩运离时，送行的人民"多望棺而泣"，就连敌方辽国人也举哀致敬。民间相信他是"六郎星"重返天庭，因此立祠纪念他。

史载杨延昭有三个儿子：杨传永、杨德政、杨文广。最有名的是杨文广，他同祖父和父亲一样，有超常的军事谋略与才能。但因为朝廷对辽采取软弱国策，他的才能无法得到施展。后来杨文广终于有机会镇守宋辽边关，到任后他日夜厉兵秣马，时刻准备收复幽燕，并不断向朝廷献上阵图以及攻取幽燕的策略。可惜的是，还没等到朝廷的回音，杨文广就病死在任上，"出师未捷身先死，长使英雄泪满襟"。

真实的武松
并没有打过虎且惨死狱中

行者武松是施耐庵笔下最着意刻画的人物，写得其几近完美。金圣叹点评《水浒传》人物时曾说道：“武松者，天人也。”并解释道：“武松天人者，固具有鲁达之阔，林冲之毒，杨志之正，柴进之良，阮七之快，李逵之真，吴用之捷，花荣之雅，卢俊义之大，石秀之警者也。”

《水浒传》中，武松的故事占据了很大的篇幅，像“景阳冈武松打虎”、“供人头武二郎设祭”、“武松醉打蒋门神”、“武松大闹飞云浦”、“张都监血溅鸳鸯楼，武行者夜走蜈蚣岭”等等，这其中任何一段故事都是脍炙人口，千年传诵的。然而，这一切都是小说家言，在历史上并没有真实发生过。

武松在历史上确有其人，且是位受人敬仰的侠义之士。《临安县志》、《西湖大观》、《杭州府志》、《浙江通志》等史籍，都记载了北宋时杭州知府中的提辖武松勇于为民除恶的侠义壮举。上述史籍中，武松原系浪迹江湖的卖艺人，“貌奇伟，尝使技于涌金门外”，“非盗也”。杭州知府高权见武松武艺高强，人才出众，遂邀请入府，让他充当都头。不久，因功被提为提辖，成为知府高权的心腹。后来高权因得罪权贵，被奸人诬陷而罢官。武松也因此受到牵连，成了下岗之人。

高权离职之后，继任的新知府是太师蔡京的儿子蔡鋆，是个很坏的家伙。他倚仗其父的权势，在杭州任上虐政殃民，肆意鱼肉百姓，草菅人命，人人皆言其恶，称之为“蔡虎”，四方百姓对这只吃人不吐骨头的恶虎怨声载道，都恨不得啖其肉，寝其皮。

疾恶如仇的武松对这个奸臣恨之入骨，决心拼上性命也要为民除害。一日，他身藏利刃，隐匿在蔡府之前，候蔡前呼后拥而来之际，箭一般冲上前去，向蔡鋆猛刺数刀，当即结果了他的性命。官兵蜂拥前来围攻武松，武松终因寡不敌众被官兵捕获。后惨遭重刑死于狱中。

武松的义举在当时引起了很大的轰动，当地“百姓深感其德，葬于杭州西泠桥畔”，后人立碑，题曰“宋义士武松之墓”。

真实的武松并没有打过景阳冈上的猛虎，他义杀蔡京儿子最后惨死狱中。施耐庵在《水浒传》中，把武松的结局写为他后来成了清忠祖师，得享天年，表达了对这位侠肝义胆的大英雄的深深敬意。

古代青楼女子的那些避孕物

在现代的避孕药具出现之前，过去的青楼女子是如何采取避孕措施的呢?正史上鲜有记载，野史上也不多见，大体有以下一些避孕物。

水银、砒霜、马钱子碱

喝水银可以避孕。于是，过去妓女们喝的茶水或日常食物中就被放入少量的水银，据说效果很好，当然，妓女们被蒙在鼓里，还以为是可以避孕的香炉灰什么的，不然妓女们知道水银有毒不敢喝啊！这种方法确实对身体有很大伤害。水银避孕据现代科学研究，确有其道理。水银可引起女性月经失调，在长期接触最高容许浓度水平的作业环境汞蒸气的作业女工中，月经紊乱发生率高于正常对照组 2~3 倍。常见为经量过多，经期延长及痛经等。也有月经量过少，行经天数减少者。水银可通过胎盘屏障，引起流产或早产。

在中国古代，除水银外，还有用砒霜或马钱子碱来避孕的，虽然这些药大剂量使用会致人死亡，但是小剂量使用却可以杀死腹中的胎儿，因此，采取这样方式避孕的妓女是永久性地、不可逆转地终身不孕，往往是在刚开始做妓女时，老鸨给其偷偷下药！

麝香

过去许多青楼女子在从良后，大都是终身不育的，原因就是长期饮用破坏生育能力的一种汤药，以致绝育，这种汤药被称做“凉药”，内含有麝香的成分，会影响生育。将麝香放入妓女的肚脐可以避孕，比如堪称中国“红颜祸水”之最的赵飞燕和赵合德两姊妹，有记载她们采取的是这样的避孕措施。这种贴肚脐叫“了肚贴”。贴在肚脐上，就可以了结女人肚子的受孕功能，再不能怀孕了，不过这“了肚贴”已经失传。

柿子蒂

还有一种民间偏方，说将七个柿子蒂用瓦片烤干，连续吃七天就是四十九个，用开水冲冷服用，可保一年不孕，但一年内不能吃柿子。如果想要怀孕了，就再吃七个柿子蒂。听起来好像有些邪乎，不过，据现代医学研究，柿子蒂中含有齐墩果酸、白桦果酸，中医常用它配人参、丁香研末，制成柿线散，具有降气、止呃逆作用。柿子的花、根、皮也都是很好的药材。柿树可称得上全身都是宝。在民国时期，一个妓女写的类似于回忆录的书中就介绍了避孕的情节，说是在接客之前，老鸨会让自己喝一种汤水，这种汤水味道有些酸甜，很好喝。喝了后就终身不会怀孕了……这位妓女所喝的汤水应该就是柿子蒂粉冲泡的水，但也有用黄酒冲泡柿子蒂的说法。

藏红花

民间还有记载，说藏红花是宫廷传出来的避孕秘方，说如果皇帝不喜欢某个被宠幸的宫女，就会让太监把这个宫女倒挂起来，给她用藏红花液清洗下身，据说这样可以将宫女体内的精液清洗干净。还有一些野史，说以前皇帝宠幸妃子后，如果说不留的，太监就会帮那妃子推拿，确保皇帝的精液不能留在妃子的体内，这样可以起到避孕的效果。

奠定大清基业的关键一战

有一个战役，在历史上的地位十分重要，它敲响了明朝衰亡之丧钟，标志着后金政权之崛起，奠定了统治中国长达二百六十八年的大清之基业。后人修史称之："明朝衰亡，后金兴起，肇于是战。"乾隆皇帝回顾先祖征战史时，曾这样评价此役："太祖一战，王基开。"

此战役就是萨尔浒之战，是明朝和后金之间一次关键性的战略决战。此战中，后金政权创建者努尔哈赤表现出杰出的军事才能，运用集中优势兵力，各个击破的战术，率领处于劣势的后金军，在五天之内，连克三路明军，歼灭明军十多万人，缴获大量军用物资。此役之后，战争的双方攻守易势。明朝的力量大衰，不得不由进攻转入防御；后金的力量大增，由防守转入了进攻。

清太祖努尔哈赤经此一役而名震天下。努尔哈赤出身于女真族，也就是满族的前身，靠十三副甲胄起兵创业，史称清太祖，是中国历史上最后一个封建王朝的奠基人，是雄才大略的政治家、军事家。他戎马一生，身经百战，纵横捭阖，功勋赫赫，为满族的进步和强盛、历史的前进和发展作出了重大贡献。清太祖努尔哈赤的历史贡献主要包括：统一女真各部、东北地区；创制满族文字、八旗制度，促进满族形成；建立后金政权，奠定大清基础；丰富军事经验、推进社会改革等。金庸先生誉之为："自成吉思汗以来，四百多年中全世界从未出现过的军事天才努尔哈赤。"

努尔哈赤幼年时在明朝辽东经略李成梁家为奴，备尝人世艰辛。他少有大志，胸怀天下，决心要统一整个女真，结束其各部落间四分五裂互相仇杀的局面，开创历史的新篇章。

女真族是中国古代生活于东北地区的古老民族，六至七世纪称"黑水靺鞨"，九世纪起始更名女真。在努尔哈赤生活的时代，女真部落分为建州女真、海西女真、东海女真三大部分，努尔哈赤属于建州女真。明朝万历十一年（1583），努尔哈赤以祖父留下的十三副甲胄起兵，开始了充满艰难险阻的统一女真的一系列战争。

军事天赋极高的努尔哈赤采取了先内后外、先弱后强、远交近攻等策略，各个击破强敌，历经了兆佳城之战、马尔敦城之战、浑河之战、鄂尔浑城之战、克山寨之战，首先统一了建州女真部落。然后拉拢分化了海西女真中较强的叶赫、乌拉二部落，趁机灭掉了孤立的哈达和辉发部落。在解除后顾之忧后，努尔哈赤又进兵比较分散的东海女真，经十七年进攻，全部征服了东海女真，海西女真的乌拉部也闻风归降。至此，除叶赫部外，努尔哈赤已征服其他女真各部，占有了东到日本海，西到辽河，南到鸭绿江，北到黑龙江以北外兴安岭的广大地区。在统一女真各部的过程中，努尔哈赤建立了八旗军制，分黄、白、红、蓝四色旗帜，后来增编镶黄、镶白、镶红、镶蓝四旗，共为八旗。每旗设一首领，叫固山额真，女真人分编在八旗中，平时生产，战时从军，每旗可出兵七千五百人左右，共有兵力六万余人，主要是骑兵。通过八旗军制，努尔哈赤将女真人紧紧团结在一起，保证了生产和战争的需要，为女真的崛起提供了制度保证。

明万历四十三年（1615），努尔哈赤定都赫图阿拉（今辽宁新宾），建立了后金政权，自称天命可汗。随后，努尔哈赤准备进行统一女真的最后一战——征服叶赫部。这时，大明王朝出来干涉了。大明长期以来对女真各部的统治策略是分而化之，使其互相对立，从而分而治之。努尔哈赤崛起的过程中，明王朝因朝政腐败内乱不断而无暇顾及，使其有机可乘。但大明无法容忍努尔哈赤进一步坐大，遏制其发展是自然的。

叶赫部为海西女真四部（“海西四部”）之一，与大明的关系很密切。因靠近明在当地所设的马市镇北关（俗称“北关”），故明人有时也称叶赫部为“北关”。面对努尔哈赤的磨刀霍霍，叶赫部为避免被其所吞并，向大明求援。大明立即派出军队保护叶赫部并向努尔哈赤发出威胁。羽翼未丰的努尔哈赤这时还没有做好和大明作战的准备，只好先隐忍不发，伺机再寻找动手的机会。

努尔哈赤早就对肆意欺压女真人的明朝官吏恨之入骨，他的祖父觉昌安当年就是被明军误杀的，如今又遭明廷的干涉，更是怒不可遏。他深知，要征服女真叶赫部，是免不了与明军一战的。努尔哈赤开始积极训练军队，积聚粮草，打造兵器，派遣间谍，从各方面着手进行准备。而明朝则忙于镇压内部起义，无力顾及辽东防务。辽东明军虽有十余万，但守备极为分散，战斗力很差。明万历四十六年（1618），努尔哈赤觉得时机已到，便于四月十三日向上天宣誓了对明朝的“七大恨”，然后起兵两万攻明雪耻。

努尔哈赤的剑锋直指大明的抚顺，抚顺守将李永芳望风而降。辽东总兵张承荫带着一万援军赶到，双方进行激战。后金军作战勇不可当，明军损兵九千后溃败，张承荫也被杀死。努尔哈赤又转攻清河（今辽宁本溪市东北），全歼明军，杀死守将邹储贤。努尔哈赤势如破竹所向披靡，攻占了抚顺以东的许多明军据点。努尔哈赤本打算乘胜进攻重镇辽阳，但得到情报，侧翼的叶赫部蠢蠢欲动，而明朝也增兵辽东，于是便见好就收，于九月带着掳掠的人口牲畜主动撤退，暂且休战。

明万历四十七年(1619)一月，努尔哈赤再次出兵，猛攻叶赫部。两军交兵，叶赫大败。努尔哈赤劫走了大量的人口与牲畜，他恐明军抄其后路，便乘胜班师回营。

努尔哈赤公然攻明造反，连陷抚顺清河诸堡，明廷感到了事态的严重。在此之前，明朝的全部精力都在镇压各处四起的农民起义上。明神宗万历命杨镐为辽东经略，并特派饷银二百万两，抽调四川、甘肃、浙江、福建等处军队，加上叶赫和朝鲜的盟军，准备一战荡平努尔哈赤势力，毕全功于一役。

万历四十七年(1619)二月，杨镐率明军出师讨伐努尔哈赤。这支明军有近十二万人，加上叶赫军一万，朝鲜军一点三万，总计十四万人，对外则号称四十七万。杨镐将明军兵分四路，北路军两万人，由总兵马林统领，出开原，经三岔儿堡(今辽宁铁岭东南)，进至浑河上游地区；西路军约六万人担任主攻，由猛将杜松统领，由沈阳出抚顺关入苏子河谷；南路军明军会合朝鲜军共两万余人，由总兵刘綎统领，经宽甸沿董家江(今吉林浑江)北上；总兵李如柏率军二点五万为西南路，辅助西路军侧攻；叶赫兵一万人作为后应。另外，总兵官秉忠率兵一部驻辽阳为机动部队，总兵李光荣率兵一部驻守广宁(今辽宁北镇)保障后方交通。四路大军相约会攻赫图阿拉，杨镐自己坐镇沈阳指挥。

这个新任辽东经略杨镐是个文官，并不熟悉军事，而且贪生怕死，当年抗日援朝时曾临阵脱逃，致使近万忠勇士卒惨死于日本刀之下，他因而丢官在家闲了二十多年。明神宗万历这次起用他，实在是一大败笔。

杨镐一出兵就犯了兵家大忌。明军虽兵多，但战斗力不如后金军，当然要集中兵力作战。如今分成四路，每一路对后金军都形不成优势，非常容易被各个击破。杨镐身为军队主帅，却留在远离前线的沈阳，根本无法及时统一指挥全军，这样的部署已埋下了兵败的种子。不过明军众将中倒是有几个能征善战的，总兵杜松作战非常勇猛，上阵时喜欢赤膊，身上刀疤箭疮无数；总兵刘𬘩是当时明朝第一勇将，曾打过缅甸和日本兵，平过四川杨应龙叛乱，身经大小数百战。他所用的镔铁刀重达一百二十斤，上马抡转如飞，被称为“刘大刀”；李如柏是将门之子，其父李成梁当过辽东经略，非常有谋略，努尔哈赤年轻时曾在他家做过奴隶。如果李成梁活得长一些，努尔哈赤也就不敢轻易和明军作战。李如柏的哥哥李如松更是有名，是领军抗日援朝的著名战将。这些大将共同出征，如能善用将是无往而不胜，只可惜主帅是个杨镐。

一只狮子带领的一群绵羊，完全可以打败一只绵羊带领的一群狮子。努尔哈赤就是这样的领头狮子，而杨镐则正是这样的领头绵羊。

杨镐昏聩无能，骄躁寡断，凡事都听李如柏的，引起众将的普遍不满。出兵之日，杜松因大雪迷路请求缓师，刘𬘩也以未熟地形为由，轻缓师期。杨镐勃然大怒道：“国家养士，正为今日，若复临机推阻，有军法从事耳。”并将尚方剑悬于军门。杨镐算计着能侥幸取胜，既不知己，也不知彼，于天时、地利、敌情，一概不顾，只催促赶快进兵。

此时努尔哈赤早派出细作对明军进行侦察，已得到准确情报，明军的一举一动，努尔哈赤了如指掌。结果，“我师未出，彼防已预”。当时，后金兵总共不足六万。努尔哈赤集合众贝勒、大臣商议后，确定了“凭尔几路来，我只一路去”的作战方针，即集中优势兵力，逐路击败明军，打败来犯之敌，保卫赫图阿拉。

1619 年 2 月 29 日，努尔哈赤得知四路明军中杜松突出最前，马林次之，遂决定留一部疑兵牵制刘綎，主力先迎击杜松军和马林军。

明西路大军由山海关总兵官杜松为主将，总兵王宣和赵梦麟为副将。杜松为人耿直，英勇善战，但刚愎自用，有勇无谋。因贪恋首功，率军先出抚顺关口，日行百里，急欲寻后金军主力决一死战。当军队抵达浑河岸时，天色已晚。杜松执意立即渡河，诸将苦谏不听。杜松袒露胸怀，弃船不登，策马而进，大笑道："入阵披坚，非丈夫也。吾结发从军，今老矣，不知甲重几许。"并催促军卒赶快渡河。不料，后金军早已按照努尔哈赤的部署，在浑河上游筑坝蓄水，待明军渡河时，再决坝放水，顿时，浪涛滚滚，明军被淹死者数百人，大量辎重也落入水中。

3 月 1 日，杜松军抵达萨尔浒（今辽宁抚顺东大伙房水库附近）。杜松分兵为二：一部在萨尔浒驻扎，自己亲率另一部前往吉林崖，攻打界凡城。由于杜松军轻敌冒进，先于其他各路军与后金兵遭遇。努尔哈赤决定先集中兵力与杜松军决战，并故意避其锋芒，亲率大军猛攻明军萨尔浒大营。炮声隆隆，杀声震天，不久，后金兵便攻下了萨尔浒大营。攻下萨尔浒大营后，努尔哈赤率军驰援吉林崖。其时，杜松军与驻守吉林崖的后金兵激战正酣，后金兵正节节败退，援军的到来立即使战场局势发生逆转，杜松军腹背受敌，陷入重围，士气低落，而后金兵则军心大振，杜松身中十八箭力战而死，总兵王宣和赵梦麟全部战死，西路明军全军覆没。

这时北路马林军已进至萨尔浒东北的尚间崖，遇到杜松军的败兵，得知西路军已覆灭，马林顿时不寒而栗，士卒也各个丧胆，急忙转攻为守。

当夜宿营，马林命在营垒外掘了三层堑壕，外边又摆了火炮，一副固守的样子。第二天，努尔哈赤率大军赶到，立即向明军发起进攻。明军几乎不堪一击，大部溃逃，主将马林率数骑逃回开原。身为监军的潘宗颜率众顽强御敌，“奋呼冲击，胆气弥厉”。终因寡不敌众，明军溃败，潘宗颜战死，死时“骨縻肢裂，惨不忍闻”。

其时，叶赫部军兵正打算驰援马林，突闻马林兵败，潘宗颜战死，军心动摇，不敢与后金兵交战，不战而逃。

其实，潘宗颜早已知马林舞弄诗文尚可，指挥对敌则是外行，徒具虚名，并无将才。早在出师之前，潘就曾致书杨镐，言：“林庸懦，不堪一面之寄，乞易别帅当此重任，而以林遥作后应，庶其有济。不然，不惟误事，且恐此身实不自保。”如此重要的信息，杨镐却未予理睬。几天后，潘宗颜之言果然应验。

东路军在骁勇善战的刘綎的率领下，已深入后金军阵地，并未得知两路明军兵败的消息。为延缓刘綎军前进的步伐，努尔哈赤下令在刘綎军前进的路上砍断大树阻塞道路，设置了三道大路障，使刘綎军行进十分艰难。其时，天寒地冻，气候恶劣，明军后方供给困难，沿途皆有明军冻饿而死。

努尔哈赤坐镇赫图阿拉，指挥大贝勒代善、二贝勒阿敏、四贝勒皇太极前去迎战刘綎军。为将刘綎军引入后金军的伏击圈，努尔哈赤利用杜松兵败时缴获的杜松令箭，派降顺后金的汉卒冒充杜松军卒，到刘綎军前，假装告急说：西路杜松大军已抵达“奴酋”都城，急盼东路大军并进，将敌城合围，一举将其拿下。

刘綎信以为真，唯恐杜松将军拔得头功，急令火速进军，姜宏立率朝鲜援军紧随其后。这样刘綎军一步步进入到后金兵的伏击圈内。待刘綎醒悟过来时，发现自己已陷入重围。刘綎果然是个猛将，率军死战不退，后金军竟一时攻打不下。此时朝鲜盟军已投降，刘綎军更加孤立。努尔哈赤命手下大将轮番上阵迎战刘綎，代善、阿敏、皇太极率兵杀出，刘綎奋力死战，身中数十箭，力竭而死，明军溃败。其子刘招孙救父苦斗，也当场阵亡。剩下的明军很快被后金军歼灭，南路明军也全军覆灭了。

正当刘綎军浴血奋战时，李如柏本可以驰军策应，但李如柏畏敌如虎，不敢增援，使刘綎孤军奋战，全军覆没。明朝四路大军之间缺乏策应，各自为战，经略杨镐调度无方，是后金兵能够从容地各个击破的很重要的原因之一。

努尔哈赤再回军准备消灭西南路明军，却扑了个空。李如柏虽为将门之子，却胆小如鼠，一出兵就行动缓慢，故意落后。萨尔浒大战已经结束，他才进至虎拦岗（今辽宁本溪市东）。这时坐镇沈阳的杨镐已得知前线大军溃败，急命李如柏退军。李如柏接令如蒙大赦，急忙班师，明军慌忙撤退，沿路遇后金小股部队鼓噪，竟以为是后金主力部队发起攻击，惊恐溃逃，自相践踏，死伤一千余人。

至此，明四路大军和叶赫援军共十余万人征伐后金，以后金军大胜和明军惨败而告终。萨尔浒之战成为我国历史上又一个以少胜多的战例。

据《辽事实录》记载，明军在这场战役中伤亡十分惨重，死于战场的将领，约有三百余名，士兵阵亡者共四万五千八百七十余名，骡马枪炮辎重丢失无数。而金兵据说死亡不足二百人。明朝的辽东防线，全部为后金所突破。萨尔浒之战是后金由弱转强，明朝由强转弱的转折点。

萨尔浒大战后，明军再也不敢对后金主动发起攻击了。努尔哈赤则乘势攻占开原、铁岭，征服了叶赫部，完全掌握了辽东的战略主动权，为清军日后入关统一中国打下了基础。

大才子袁枚
为何一生只写了一首词?

袁枚是清代诗人、散文家,号简斋,晚年自号仓山居士、随园主人、随园老人。袁枚字子才,人如其字,袁枚是位不折不扣的大才子,他是乾嘉时期代表诗人之一,与赵翼、蒋士铨合称"乾隆三大家"。袁枚为文自成一家,与纪晓岚齐名,时称"南袁北纪"。袁枚的散文代表作《祭妹文》哀婉真挚,流传久远,古文论者将其与唐代韩愈的《祭十二郎文》并提。

袁枚年轻时即为一名饱学之士。在他十九岁的时候,浙江督学帅兰皋考他典故,问他:"'国马'、'公马'何解?"袁枚说:"出自《国语》注自韦昭。至作何解,枚实不知。"这时的袁枚确实不知,态度是十分谦虚老实的。帅兰皋夸奖袁枚说:"你很年轻,但能够知道'国马'、'公马'这两个典故的出处也就可以了,何必一定要你解说呢?" 接着帅又问他:"'国马'、'公马'之外,还有'父马',你知道吗?"袁枚说:"出自《史记·平准书》。"帅说:"你能用另一个典故对上它吗?"袁枚说:"可对'母牛',出自《易经·说卦传》。"帅兰皋大喜,把袁枚大大夸奖了一番。

袁枚凭着自己的才学,在23岁时中举,入翰林,旋改庶吉士。袁枚著有《小仓山房文集》;《随园诗话》十六卷及《补遗》

十卷;《新齐谐》二十四卷及《续新齐谐》十卷;散文、尺牍等三十余种。袁枚的笔记小说《子不语》与纪晓岚《阅微草堂笔记》齐名。袁枚还是一位美食家,写有著名的《随园食单》,是清朝一部系统地论述烹饪技术和南北菜点的重要著作,该书出版于乾隆五十七年(1792)。

然而,就是这样的一位名满天下的大才子,大诗人,大文豪,一生中却只写了一首词。

这是为什么呢?因为袁枚讨厌填词。填词要依谱入韵,规矩颇多,而袁枚在创作上一贯倡导"性灵说",觉得写词很受束缚。袁枚平日与朋友交往,吟诗赠答,对于诗的格律也不太遵守,往往有所突破。他认为:只要能表达意思,形式并不重要。

但是,袁枚33岁的时候,有一件事却使他有了写词的冲动,写下了一生唯一的一首词。

这一年,袁枚在南京江宁县当县令,他在南京购置了"随园",颇有点绝意仕宦的念头。这时,他的好朋友李宗典从外地给他写了一封信,说:"我的官府上有一位姓王的女子,长得不错。你如喜欢,我可以赠给你做妾。"袁枚见此,立即雇船到了扬州,在扬州观音庵中,他见到了姓王的母女二人。只见此女子长得风韵标致,面色红中透艳,举止落落大方,任凭袁枚怎么看她,她都毫不害羞。袁枚见过,心中很想娶她,但就有点嫌此女肤色不太白,因而当时没下决心。于是,他就继续乘船到了苏州。到苏州后,一直在心里盘算此事,最后还是决定再去娶她。便派人再回扬州去看看。差人回来报告说:"这位女子已经被江东一个小官吏娶走了。"袁枚听后,大悔不迭,连叫:"后悔,后悔,失之交臂!"于是提笔写了一首《满江红》,表示他的惆怅之情:

我负卿卿，撑船去、晓风残雪。曾记得，庵门初启，婵娟方出。玉手自翻红翠袖。粉香听摸风前颊。问姮娥何事不娇羞？情难说。

既已别，还相忆。重访旧，杳无迹。说庐阳小吏公然折得。珠落掌中偏不取，花看人采方知惜。笑平生双眼太孤高，嗟何益！

这首词言辞真切，直抒胸臆，表达了他痛失美女的悔恨之情。袁枚一生中风流韵事颇多，他招收女弟子，出入酒席、歌场，直言不讳地说自己"寻花问柳"，说自己不过是"《国风》之好色耳"。他60岁时还在苏州召集一百个妓女，让她们唱百年歌，为旧相识、女校书任氏题扇头诗，称为"雅会"。老年之时，他还同县衙役一起到管押处看被押的两个妓女，为此俞樾讥笑他："可笑鲅鸾囚凤处，先生也为看花来。"生活作风的不严谨，使袁枚在当时颇受士大夫们的非议，但他毫不在乎，依然是一派名士风流。

袁枚26岁那年，尚在翰林院工作，曾有一件事深深地触动了他。当时翰林院人物大多恃才傲物。袁枚当然也免不了这一恶习。一天，有位客人要见袁枚，执意不肯说出姓名，袁枚叫守门人坚决将他拒绝了。第二天，那位客人又来，守门人再三问询，他才从袖中拿出一卷纸说："事情都写在上面，请交给你的主人，三日后我来取。"袁枚一看，不觉惶然，原来上面写了一百二十个比较冷僻的典故。

他苦思了很久，才想出二十个，与词林馆的诸学士凑在一起才解决了五十个。又去翻检《图书集成》，仍然剩下二十个无论如何也解决不了。三天后，那位客人再来，接过卷子，不觉冷笑，讽刺说："词林馆这么多的显官、人才，学问也只不过如此。"于是取过纸笔，很快地补上了剩余的二十个。袁枚大为吃惊。这件事对袁枚的教训十分深刻，他从此真正认识到知识无止境，于是发愤读书，终于成为有清一代屈指可数的大文豪之一。

晚清“新闻泄密案”叫停卖国条约

晚清时期，清政府腐败无能，积贫积弱的旧中国处在水深火热之中。1903 年，一直对中国虎视眈眈的沙皇俄国背信弃义，不但拒不履行 1902 年《交收东三省条约》中分期撤兵的约定，反而进一步提出在东三省及内蒙古一带享有路政税权及其他领土主权的“七条”要求，强迫清政府接受。当时，刚刚从八国联军进京、狼狈西逃的阴影下走出来的慈禧太后，不敢抗争，欲与沙皇俄国缔结这一丧权辱国的《中俄密约》，来处理这一问题。

岂料《中俄密约》尚未签署，其详细内容就通过新闻媒体的公开报道，而被暴露在光天化日之下。一石激起千层浪，国内外舆论为之一片哗然，国人群情激奋。在国内外强大舆论的压力下，清政府不得不放弃签订《中俄密约》的计划。这个敢于将这一惊天消息公之于众的爱国记者名叫沈荩，他因此获罪而被清廷处死，成为中国历史上第一位因言被杀的新闻记者。

沈荩生于 1872 年，原名克诚，字愚溪，湖南长沙人。史载，其“性直倔强，雄于胆略”。中国在甲午战争战败后，民族的危亡激发了强烈的民族意识。在维新人士和帝党官员的积极推动下,1898 年 6 月 11 日,光绪皇帝颁布“定国是诏”诏书,宣布变法,史称“戊戌变法”,又名“维新变法”。维新变法期间,沈荩积极主张变法,认为要革新湖南,非有一番破坏不能奏效。他和湖南维新派的代表人物谭嗣同、唐才常等人多次接触,交往密切。唐才常与谭嗣同同乡,同师于欧阳中鹄,并称为“浏阳二杰”。维新变法失败后,沈荩留学日本,其政治态度也迅速由改良派变成了革命派,成为了坚定的革命主义者。

一年多后的 1900 年春天,沈荩从日本归来,在上海与唐才常等人共同组织革命组织“正气会”,随后又更名为“自立会”。沈荩任自立会干事。自立会公开宣布“我等认为满州(洲)政府不能治理中国,我等不肯再认为国家,变旧中国为新中国,变苦境为乐境”,谋求“新造自立之国”。自立会以汉口为中心进行革命活动,建立了以会党群众和清朝下层士兵为骨干的“自立军”。自立军共有七军,湖北新堤为右军,沈荩为右军统领。下辖六个营。7 月 24 日,沈荩携带花银两千余元赴新堤,以“中国国会自立军右军统领”的名义,研究部署在新堤举行武装起义的具体事宜,并决定在 8 月 15 日举行起义。

唐才常在汉口指挥起义,但因饷械延误,起义时间一拖再拖,后决定于 7 月 28 日在汉口起义。谁知在 27 日晚,张之洞就下令清军包围唐才常、林圭在前花楼街宝顺里四号的住所和设在汉口英租界内李慎德堂的自立军总部,并于次日清晨逮捕了唐才常、林圭等三十多人,查获自立军大批军械、印章、书札及“富有票”等。7 月 29 日清晨,唐才常、林圭、傅慈祥等二十余人在武昌紫阳湖畔被残酷杀害。

唐才常是自立军总司令,他领导的自立军是资产阶级革命派、保皇党及各地会党等诸多社会力量组成的联盟武装,其成立伊始,政治纲领就自相矛盾,宗旨模糊,兼之对英帝国主义和洋务派官僚张之洞抱有不切实际的幻想,因而起义未给清政府造成沉重打击即迅速失败。但自立军起义是戊戌变法后在长江流域掀起的有十多万人参加的武装斗争，锋芒直指掌握清朝实权的后党顽固派，在当时具有进步意义。这次起义还吸引了革命派参加，导致了保皇派的分化和革命派的发展，为推动两湖地区资产阶级民主革命和辛亥武昌首义的爆发创造了条件。

在新堤一直关注革命态势的沈荩得知汉口起义失败，唐才常等主要领导人殉难的消息后，立即召开紧急会议，为了表示“继续已死者之生命，完成已死者之志愿”的决心，会议决定提前举行起义。28 日，“右军所部起事”。当天晚上，新堤卫队营偷袭清军水师营，各地自立军两千多人纷纷响应，自力军的黄绫旗“插遍全市”。然而，由于寡不敌众，沈荩领导的新堤起义也惨遭失败。

新堤起义失败后，沈荩并没有泄气，他很快又潜入北京、天津等地。在天津，沈荩受聘为“报馆访事”（即记者），同时兼任一家日本报纸的通讯员，开始以记者的公开身份为掩护，继续从事反清的革命活动。当时的北京正处于八国联军控制时期，由于沈荩懂外语，且擅长交际，又有政治眼光和新闻敏感性，很快便与八国联军的部分人员混得相当熟悉。北京各界名流听说沈荩认识许多外国朋友，纷纷前去巴结。为了从这些贵族口里打听到有用的信息，沈荩尽量和他们把酒言欢，把各方面的关系都处理得很好。

1903 年，在一个偶然的机会，沈荩从一个清朝贵族口中得知中俄两国要签订密约的消息后，忧心如焚，他决心在签约之前把密约内容昭示天下。但怎么才能获知具体的内情呢？他四处打探，一定要将密约的内容搞到手，并尽快在报端捅出去。

功夫不负有心人。沈荩最终通过政务处大臣王文韶之子搞到了《中俄密约》草稿的原文。他不敢有丝毫的迟疑，迅速将《中俄密约》草稿寄给了天津英文版的《新闻西报》。《新闻西报》收到后当即原文刊登。随后,国内外各大新闻媒体纷纷转载,日本新闻界还专门为此出了一期号外,这个爆炸性的新闻,在当时的社会反响可想而知。

在报纸上获悉《中俄密约》丧权辱国的条款后,国内外舆论一时大噪。全国人民都很是气愤,对腐败无能、一味讨好帝国主义的清政府更加失望,革命运动随之风起云涌。在国内外强大舆论的压力下,在随时都可能激化的革命形势的逼迫下,陷入难堪境地的清政府不得不放弃签订《中俄密约》的计划。

中俄签约计划成为泡影。沈荩的一纸新闻,保全了国家的主权,赢得了那个时代新闻工作者的集体荣誉,可谓居功至伟。

《中俄密约》的泄密,使颜面扫地的清政府气急败坏,他们立即派人全力侦察密约泄露的原因。此时的沈荩非但没有躲避清政府的追查,以一个革命家的冲天豪气,反而提出了一个更加大胆的计划:联络李莲英,置慈禧于死地。他把自己的想法告诉给两个最要好的朋友——旗人庆宽和前翰林吴士钊。哪知软骨头的庆宽和吴士钊,在得知沈荩的想法后,恐惧不已,决定出卖好友沈荩以自保。他俩联合向慈禧太后告发了沈荩。于是,悲剧便毫无悬念地降落到沈荩的头上,1903 年 7 月 19 日晚上,沈荩在北京寓所被捕,落入了清廷之手。

沈荩被捕后,毫不畏惧,大义凛然,在狱中写下了《绝命诗》四章,其中一首是这样写的:“狱中铁锁出郎当,宣武门前感北堂。菜市故人流血地,五忠六士共翱翔。”另一首是这样写的:“今年三十有一岁,赢得浮名不值钱。从此兴亡都不管,灵魂归去乐诸天。”字里行间,洋溢着革命到底慷慨赴死的豪迈之气。

审讯期间,沈荩毫不讳言自己的言行。本来因光绪皇帝出生在六月(阴历),故六月被称为“万寿月”,“例不行刑”,加之当时清政府正在操办慈禧太后生辰庆典,但慈禧太后还是下令将沈荩“斩立决”。后因惧怕行刑会影响“庆典”,慈禧太后这才发布谕旨:“着即日立毙杖。”

1903 年 7 月 31 日(阴历六月初八),刑部大堂八个狱卒手拿特制的大木棍,准备行刑。沈荩面对狱卒,朗声说道:“快些了事!”于是,八名狱卒轮流捶打沈荩的四肢和背部,时间长达四个小时之久。沈荩被打得血肉横飞,“骨已如粉”,其状惨不忍睹,但沈荩自始至终未出一声。这时,堂司以为沈荩已死,下令停止捶打。不料沈荩于阶下发声曰:“何以还不死,速用绳绞我……”见沈荩还没有死,堂司又下令“以绳勒其颈,而始气绝”。这是 1903 年 8 月 4 日与 9 月 16 日的《大公报》对沈荩之死的报道,读来令人触目惊心。

清政府以酷刑处死沈荩后,革命派办的报纸《中国日报》发表唁文说:“沈君之死,鬼神为之号泣,志士为之饮血,各国公使为之震动,中西报纸为之传扬。是君虽死之日,犹生之年!”清廷的残暴野蛮,激起了社会公愤,连外国报刊也纷纷加以谴责。西方各国公使也因此事对清廷很不满。据 1903 年 9 月 14 日《大公报》披露:“探闻政府自杖毙沈荩后,各国公使夫人觐见皇太后时,谈及沈之冤抑,皇太后亦颇有悔意。已面谕廷臣,会党要严拿,万不可株连良善,致离人心,等语。近日政府十分和平,绝无不合公理之举。盖恐驻京各国公使啧有烦言也。”慈禧太后迫于各公使的压力,只好也装出了“悔意”。

沈荩赴死一个多月后,章太炎先生以义愤填膺的心情在革命派的报纸《浙江潮》上写了一首沉痛悼念沈荩的诗《狱中沈禹希(愚溪)见杀》:“不见沈生久,江湖知隐沦。萧萧悲壮士,今在易京门。魑魅羞争焰,文章总断魂。中阴当待我,南北几新坟。”

章太炎先生笔下沉痛悼念的沈禹希(愚溪)就是沈荩。1936 年 10 月,鲁迅先生在他所写《关于太炎先生二三事》一文中还引用了章太炎先生的这首诗。

沈荩遇害时年仅31岁，他被称为“最早为新闻事业献身的人”、“近代第一个以身殉职的记者”。沈荩事件在当时震动了国内外，进一步暴露了清廷对外软弱妥协，对内反动凶残的本来面目，更加激励着革命者为推翻清王朝而进行坚持不懈的斗争，加速了清政府的垮台。

新文化运动“文白之争”中的高手过招

五四新文化运动时期，围绕白话文与文言文的论争，形成了两大阵营，那一场场硝烟弥漫的论争，充满了激情、狡黠、机巧、趣味与智慧，点亮了新文化运动启蒙的天空。

论争之始

近代最早提出用白话文进行文学创作的是黄遵宪，他认为文言误国不浅。而胡适是五四白话文运动最早的倡导者。他1917年初在《新青年》上发表了《文学改良刍议》一文，提出了改革我国的文字，即用白话文作为语言的工具，他还身体力行实践之。

新文化运动高举民主和科学两大旗帜，对以孔孟之道为核心的封建道德和以文言文为工具的封建文学进行了猛烈的批判。当时流行的各种文言旧体文学成为反对的直接目标，其中最主要的是桐城派的古文和文选派的骈体文。

陈独秀在《文学革命论》中宣布，明代以来拟古派文学家前后七子（见前七子、后七子）和桐城派古文家归有光、方苞、姚鼐、刘大櫆为文学革命所要反对的“十八妖魔”。钱玄同在

1917年7月2日致胡适的信中,更进一步指斥“选学妖孽”与“桐城谬种”的古文,“以不通之典故与肉麻之句调戕贼吾青年”的弊害。

因此,新文学运动一开始就招致一班维护旧道德和旧文学的复古守旧派文人的竭力反对,从而酿成激烈的文言白话之争。

绝妙的“双簧”

新文化运动和文学革命展开之时,尽管胡适、陈独秀、钱玄同、刘半农等人要废除的是在中国传承千年、作为传统文化载体和主干的文言文,当时却并未激起多大反响,只有几位新文化闯将在自说自话。这一半可能因为那时帝制既往,民国初立,尚新、求变、批判传统是主流思潮,新文化的反对派们心虚气短,不敢吭气;一半可能也是他们对文言文的生命有足够信心,不屑于跟这几个喝过几年洋墨水就忘了自己是谁的后生对阵。

轰轰烈烈的“文学革命”在对方的漠然中显得颇有些尴尬,而新文学的发难者们也在没有对手的辩论中感到了几分寂寞。

为了改变这种处境,新文化运动的急先锋钱玄同和刘半农自导自演了一个奇特的戏,那就是历史上十分著名的“双簧信”。这个主意是刘半农出的,他曾在上海时进过剧团做过编剧。

1918年3月15日,《新青年》杂志第四卷三号上,忽然发表了一篇写给《新青年》杂志编辑部的公开信《给〈新青年〉编者的一封信》。署名“王敬轩”。信是文言文写的,四千多字,不用新式标点,以一个封建思想和封建文化卫道者的形象,列数《新青年》和新运动的所有罪状,极尽谩骂之能事。而就在同一期上，发表了另一篇以本社记者半农之名写的观点与之针锋相对的文章《复王敬轩书》，全信洋洋万余言，对王敬轩的观点逐一批驳。

由于对旧式文人的熟悉，钱玄同化名“王敬轩”所写的那封信在内容和风格上都足以乱真。他不但忠实地模仿了守旧派对新文学的种种误解与歪曲，而且使之显得十分荒谬可笑。而刘半农的复信逐一加以批驳，毫不留情，一针见血，更是痛快淋漓，尤其对守旧派大师林纾进行了指名道姓的批评。

这一双簧戏旗帜鲜明，在文坛引起强烈反响，不仅真的引来了“王敬轩”那样的卫道士如林纾等人的发难（林纾写信给北大校长蔡元培，要蔡将陈独秀、钱玄同从教师中除名），更多的却引起了青年学子和进步人士的喝彩，在论辩中新文学的声势也逐步壮大。

这一正一反两篇文章同时出现，结果“旧式文人的丑算是出尽，新派则获得压倒性的辉煌胜利。”一些原来还在犹豫的人都开始倾向新文化了，连朱湘和苏雪林都说他们是看了这双簧戏才变成新派的，可见“双簧信”影响之大。

“双簧信”也引起了《新青年》内部胡适的不满。他认为“太轻薄”，“有失士大夫身份”。不过他也认为，钱玄同的冲锋陷阵，“实在使我们声势一振”。鲁迅则对刘半农的进步高兴，称赞他“跳出鸳蝴派，骂倒王敬轩”，为一个“文学革命”阵营中的战斗者。

写小说含沙射影

新知识分子这种主动出击的态度显示了他们充分的自信，引发了读者浓厚的兴趣，同时也激起旧派文人的恼怒，他们加强了对新文化运动的反击。1919 年 2 月和 3 月，林纾在上海的

《新申报》上发表了两篇短篇小说《荆生》和《妖梦》，讽刺文学革命的领导人。

林纾写小说含沙射影骂人。1919年2月4日起，上海《新申报》以“蠡叟丛谈”为名替林纾辟了一个专栏，按日发表短篇小说。也许他觉得以这种“不严格”的文体教训一下对手较为合适，于是便有了小说《荆生》。

其中写了三个书生：皖人田其美，影射陈独秀；浙人金心异，影射钱玄同；新归自美洲的狄英能哲学，便是隐指胡适。“三人称莫逆”，聚于北京陶然亭畔，饮酒歌呼，放言高论，掊孔孟，毁伦常，攻击古文。

小说《荆生》影射攻击“反对旧道德提倡白话文”是“伤天害理”的“禽兽之言”，幻想有军阀势力的“伟丈夫”出来禁压新文化运动。

林纾的另一篇小说为《妖梦》，写一名叫郑思康的陕西人，梦见一髯人邀他游阴曹地府，“并告诉阴曹大有异事”，“凡不逞之徒，生而可恶，死亦不改，仍聚党徒，张其顽焰”。他们来到一城市，见一所白话学堂，门前大书一联云：

> 白话通神，红楼梦、水浒，真不可思议；
> 古文讨厌，欧阳修、韩愈，是甚么东西。

校中有三个“鬼中之杰出者”：校长元绪，明显影射蔡元培；教务长田恒，影射陈独秀；副教务长秦二世，则是指胡适。其人进入学堂，见第二门上额大书“毙孔堂”，也有一联：

> 禽兽真自由，要这伦常何用；
> 仁义太坏事，须从根本打消。

康怒极，谓鬌曰："世言有阎罗，阎罗又安在？"鬌曰："阳间无政府，阴间那得有阎罗。"已而田、秦二人左右元绪出见。田、秦二人毁伦常，赞扬白话文，元绪对他们的言论"点首称赞不已。"康"气如结墙，兴辞而出"，鬌亦同行。

此文对"鬼中三杰"，咒骂得比《荆生》更粗鲁，更刻薄。如说"田桓二日如猫头鹰，长啄如狗；秦二世似欧西之种，深目而高鼻"，极尽丑化之能事。文末旋即请出能啖食月亮的"罗跟罗阿修罗王"直扑白学堂，"攫人而食，食已大下，积粪如邱，臭不可近"。

林纾在小说之首说："夫吉莫吉于人人皆知伦常，凶莫凶于士大夫甘为禽兽。此《妖梦》之所以作也。"文末又附"蠡叟"曰："吾恨郑生之梦不实，若果有啖月之罗跟罗王，吾将请其将此辈先尝一脔也。"足见其对陈独秀等人是何等仇视。简直是要"食肉寝皮"了。至此，林纾已丧失了起码的理智与风度。

林氏以小说咒人的手法非常拙劣。如其称赞蔡元培为元绪公，何谓元绪？元绪为龟的别名。周作人在《知堂回想录·蔡孑民（三）》中说："元绪公，即是说的蔡孑民，因为《论语》注有'蔡，大龟也'的话，所以比他为乌龟，这元绪公尤其是刻薄的骂人话。"

林纾此举，行为卑劣，为人不齿。时有人称其是"拖鼻涕的野小孩在人家大门上画乌龟的行径"。

胡适与黄侃"斗法"

胡适是五四白话文运动的主将，因此当时反对他的旧派学者很多，尤以黄侃为最。

黄侃字季刚，与章太炎、刘师培齐名，被称为"国学大师"。

黄侃的狂妄与尖刻是出了名的。黄侃年轻时曾拜访大学者王闿运,王对黄侃的诗文激赏有加,不禁夸赞道:“你年方弱冠就已文采斐然,我儿子与你年纪相当,却还一窍不通,真是钝犬啊。”黄侃听罢美言,狂性立刻发作,竟道:“你老先生尚且不通,更何况你的儿子。”好在王闿运通脱,并未计较。

如此狂狷之人,又是反对白话文最凶者,黄侃对胡适进攻的火力之猛可想而知。有一次,黄侃对胡适说:“你提倡白话文,不是真心实意!”胡适问他何出此言。黄侃正色回答道:“你要是真心实意提倡白话文,就不应该名叫‘胡适’,而应该名叫‘到哪里去’。”此言一出,他仰天打三个哈哈,胡适则气得脸都白了。

胡适著书勤勉,却留下数部“半部书”,如他的《中国哲学史大纲》、《白话文学史》等都仅写成上半部。黄侃借此在中央大学课堂上调侃胡适道:“昔日谢灵运为秘书监,今日胡适可谓著作监矣。”学生不解,问何意?黄侃颇为阴损地回答:“监者,太监也。太监者,下部没有了也。”语毕,学生们哄堂大笑。

又一次,黄侃在讲课中赞美文言文的高明,举例说:“如胡适的太太死了,他的家人电报必云:‘你的太太死了!赶快回来啊!’长达11字。而用文言则仅需‘妻丧速归’4字即可,仅电报费就可省三分之二。”

这一次,胡适回击了,而且巧妙得令人拍案叫绝。也是在课堂上,胡适大讲白话文的好处时,有位同学不服气地问:胡先生,难道说白话文一点缺点都没有吗?胡适微笑道:没有。这位学生想起黄侃关于文言文电报省钱的论调来,反驳道:怎会没有呢,白话文语言不简洁,打电报用字就多,花钱多。胡适说:不一定吧。要不我们做个试验。前几天,行政院有位朋友给我发信,邀我去做行政院秘书,我不愿从政,便发电报拒绝了。复电便是用白话文写的,而且非常省钱。同学们如有兴趣,可代我用文言文拟一则电文,看看是白话文省钱,还是文言文省钱。

同学们果然纷纷拟稿,最后胡适从电稿中挑出一份字数最少的且表达完整的,其内容是:“才学疏浅,恐难胜任,恕不从命。”胡适念毕,不无幽默地说:“这份电稿仅12个字,算是言简意赅,但还是太长了。我用白话文只需5个字:干不了,谢谢。”随后胡适解释道:“干不了”,已含有才学疏浅、恐难胜任的意思,而“谢谢”既有对友人费心介绍表示感谢,又有婉拒之意。可见,语言的简练,并不在于是用白话文,还是用文言文,只要用字恰当,白话也能做到比文言文更简练。

“老章又反叛了!”

曾做过段祺瑞政府的教育和司法部部长的章士钊,二十出头就做了《苏报》的主编,后游学英伦,归来后自创《甲寅》杂志,这是一个反对白话文运动的舆论阵地。

章士钊虽热衷于政治,但治学终是他的资本,古文是他的衣钵,所以他经常著文猛批白话文和新文学。甚至在茶余饭后闲聊谈天的当儿,都不放过攻击白话文。曾撰文《评新文化运动》发表在《新闻报》上,批判的矛头直指胡适,并点名要胡适回应。胡适看后一笑说:章公此文,不值一驳。

章士钊闻后,哧哧一笑,坦然了之。从此两人互不相往。数年之后,在北京的一次宴会上,章士钊与胡适相遇。宴后二人合影,并各题诗一首。

章士钊的诗如下:你姓胡来我姓章,你讲什么新文学,我开口还是我的老腔;你不攻来我不驳,双双并坐各有各的心肠!将来三五十年后,这个相片好做文学纪念看。哈,哈,我写白话歪词送给你,总算是俺老章投了降。

胡适的题诗如下:但开风气不为师,龚生此言吾最喜;同是曾开风气人，愿长相亲不相鄙。

白话诗句出于文言大师章士钊之手，而七言古诗出于白话领袖胡适之手，很是有趣。

章士钊并未像他诗中所说的那样，真的“投了降”，时隔不久，他又在《甲寅周刊》上著文屡屡攻击白话文学，对运用白话文的陈源、梁漱溟、梁启超等进行指责，并自相矛盾地宣称“摈白话弗读，读亦弗卒”。

胡适读后，马上在《京报·副刊》上发表了《老章又反叛了！》的短文，披露章士钊题写在相片上的“白话歪词”，指责他是个“不甘心落魄”的“时代落伍者”。

胡适还指出，章士钊的此篇文章本身的逻辑错误和不讲道理，并声称：“今日一部分人的谩骂也许赶得跑章士钊君；而章士钊君的谩骂，绝不能使陈源胡适不作白话文，更不能打倒白话文学的大运动”，并风趣地提出：“我的‘受降城’是永远四门大开的。但我现在改定我的受降条例了：凡自夸‘摈白话弗读，读亦弗卒’的人即使他牵羊担酒，衔璧舆榇，捧着‘白话歪词’来投降，我绝不收受了！”

鲁迅曾遭遇“山寨版鲁迅”

当前，山寨文化大行其道，山寨现象引起了社会的广泛关注。早在82年前，大文豪鲁迅先生就曾遭遇过山寨版的自己，他还专门就此登报声明以正视听。

那是1928年2月25日，鲁迅先生意外地接到一位素不相识的女学生的来信，信中说：

树人先生：

我们自一月十日在杭州孤山别后，至今已多久没见面了。前在杭时，蒙先生允萍时常通信及指导，但是我在杭时，也曾有信寄曼殊女士转先生，并又有疑问请问，但是至今已二月二十一号了，也未见复，不知先生究因时间关系？抑没有收到耶？使我很念。腊月二十三回沪至家，至今已将一月，而在正月十五十六考上海法政大学，今已上课，但是，唉！不愿写了，如果先生收到了此信，希望先生抽空复书，至盼。

马萍痕

一九二八年二月二十一日

这份莫名其妙的来信使鲁迅十分诧异，他马上写了一封回信，告诉这位女士：自己已有将近十年未去过杭州了，所谓在孤山与人分别云云，不知道是怎么一回事，她见到的，一定是另一个人。

这位名叫马萍痕的女学生接到回信后，也大感蹊跷，她觉得有必要把事情搞清楚。1928 年 3 月 17 日，她约上以前听过鲁迅课的一位朋友，一同去拜访鲁迅先生。

当面锣，对面鼓，事情立马弄清楚。与鲁迅见面后，马萍痕才知道，当时与她在杭州孤山交谈的那个自称“鲁迅”的人，并非鲁迅本人，是一个假冒其名者。

与鲁迅先生的交谈中，马萍痕还给他看了杭州的那个“鲁迅”在苏曼殊墓旁写的四句诗：“我来君寂居，唤醒谁民魂？飘萍山林迹，待到它年随公去。鲁迅游杭吊老友曼殊句。”

鲁迅看后，气不打一处来。这诗不仅不通，语调也太可笑了。如此荒唐之句，实在有损自己的文名。

这个人为何要冒自己的名？他这样做目的何在？为了弄清楚这些，鲁迅先生给当时正在杭州教书的许钦文写了一封信，请他帮助了解一下关于杭州“鲁迅”的情况。

当时在杭州的鲁迅朋友，有许钦文和川岛等人。他们也听说“鲁迅”到了杭州，甚至有人亲眼见到“鲁迅”在苏曼殊墓前的题诗。许钦文接到鲁迅的信后，便与川岛去了孤山脚下的苏曼殊墓，但没有见到这首题诗，也许是时隔较久，被雨水冲刷掉了。

许钦文和川岛又向了解情况的学生打听，了解到这个冒名鲁迅者也姓周。有个学生说，那个“鲁迅”就在离西湖不远的松木场小学教书。到了松木场小学，他们果真见到了那个“鲁迅”。这人大约三十多岁，瘦长脸，上唇如鲁迅先生一样也留着短须，身上穿一套白裤褂，脚下却穿着一双草鞋。

为了避免当面揭穿的尴尬，许钦文与川岛未报出自己的真实姓名，只说是慕名前来拜访“鲁迅”先生。在交谈中，“鲁迅”流露出愤世嫉俗的态度，说世事如此，自己只能隐姓埋名，到乡下来教小学生了。此人说话时，眼睛四面乱看，目光发直。他告诉许钦文和川岛，自己写过一部名为《彷徨》的小说，销了八万多册，但是自己对这部小说并不满意，还要另外再写一本，等等。

许钦文和川岛追问他还写过些什么文章，他却说不出来，看来此人对鲁迅的思想、生活及作品并不熟悉。但他为何要自称“鲁迅”，目的何在，一时还看不出来。川岛当时还觉得此人神经好像有点不正常。

很快，许钦文便将了解的情况写信一五一十地告诉了鲁迅。

如六耳猕猴之于孙悟空、李鬼之于李逵一样，“山寨版鲁迅”之于鲁迅先生，无疑也是一个迷惑性的存在，其活动难免扰乱人们的视听，使人真假难辨。鲁迅接到许钦文的信后，写了一则《在上海的鲁迅的启事》，发表于 1928 年 4 月 2 日的《语丝》第四卷第十四期上（后来编入《三闲集》，见《鲁迅全集》第三卷），该启事先略述了此事的经过，然后以其惯有的幽默而犀利的笔调阐明了自己的立场：

> “中国另有一个本姓周或不姓周，也名鲁迅，我是毫没法子的。但看他自叙，有大半和我一样，即有些使我为难。那首诗的不大高明，不必说了，而硬替人向曼殊说‘待到它年随公去’，也未免太专制。‘去’呢，自然总有一天要‘去’的，然而去‘随’曼殊，却连我自己也梦里都没有想到过。但这还是小事情，尤其不敢当的，倒是什么对别人豫约‘指导’之类……

“我自到上海以来，虽有几种报上说我‘要开书店’，或‘游了杭州’。其实我是书店也没有开，杭州也没有去，不过仍旧躲在楼上译一点书。因为我不会拉车，也没有学制无烟火药，所以只好这样用笔来混饭吃。因为这样在混饭吃，于是忽被推为‘前驱’，忽被挤为‘落伍’，那还可以说是自作自受，管他娘的去。但若再有一个‘鲁迅’，替我说教，代我题诗，而结果还要我一个人来担负，那可真不能‘有闲，有闲，第三个有闲’，连译书的工夫也要没有了。所以这回再登一个启事。要声明的是：我之外，今年至少另外还有一个叫‘鲁迅’的在，但那些个‘鲁迅’的言动，和我也曾印过一本《彷徨》而没有销到八万本的鲁迅无干。”

就在当年的 7 月 12 日，鲁迅与许广平来到杭州，逗留了 4 天，很兴奋地游了西湖，甚至还逛到旗下（今湖滨公园一带）、清河坊、城站等热闹街市购物。他还在西泠印社买了拓本，去书店买了一些旧书。鲁迅此行，自然也受到杭州各界人士的热情接待。

真鲁迅在杭州公开露面后，杭州的那个“山寨版鲁迅”从此便销声匿迹了。

美貌少妇
曾两次行刺张学良

1936年12月12日，时任西北剿匪副总司令、东北军领袖张学良和时任国民革命军第十七路总指挥、西北军领袖杨虎城，在西安发动了犯上的直接军事行动，扣留了当时任国民政府军事委员会委员长和西北剿匪总司令的蒋中正，目的是"停止剿共，改组政府，出兵抗日"。这就是震惊中外的西安事变，又称双十二事变。西安事变最终使蒋中正被迫接受停止剿共一致抗日的主张，导致了第二次国共合作而和平解决。

西安事变解决后，蒋介石要张学良护送他回南京。结果，张学良送蒋介石抵南京后，却被军事法庭审判有期徒刑十年，但随后被特赦，张学良虽然并未服刑，但却被长期软禁，由于抗战期间国军不断失去领地，张学良被软禁的地点也经常变迁。1937年初，张学良由南京被秘密转移到蒋介石的家乡——奉化溪口，幽禁在雪窦山。不久，张学良的元配夫人于凤至也来到溪口，来陪伴张学良。

当时，蒋介石的侄媳——原宪兵三团团长蒋孝先的妻子袁静芝也住在溪口。西安事变中，蒋孝先被张学良的部下误杀。

蒋孝先，黄埔军校第一期毕业。别字啸剑，浙江奉化溪口人，是蒋介石之堂侄，曾任军事委员会委员长侍从室第三组组长、南京政府驻北平宪兵第三团团长。蒋孝先为人极为凶狠，仗着是蒋介石的“家军”而目空一切。蒋孝先是镇压北平“一二·九”学运的刽子手，还曾疯狂镇压北平人民的抗日救亡运动，破坏中共的地下党组织及外围组织，残酷捕杀中共党员和进步爱国人士数千人。西安事变时，蒋孝先自然不能领会张学良、杨虎城两人兵谏蒋介石的意图，而是怀着一颗誓死保卫蒋家王朝的决心，负隅顽抗，最后在临潼被张学良的部下击毙，杀之者是在西安事变中于骊山捉蒋立大功的东北军英雄孙铭九。

丈夫蒋孝先死后，袁静芝一直住在溪口镇。袁静芝婚前是个相貌与身材俱佳的大美女，钓得“金龟婿”蒋孝先后，过上了阔太太的生活，一直养尊处优，尽享“夫贵妻荣”之人生。蒋孝先被张学良部下击毙后，袁静芝顿失依赖，一下子成为了蒋家的一个寡妇，“门前冷落鞍马稀”的怨妇。风光不再的悲凉，再加上一日夫妻百日恩的人之常情，使得她对张学良的仇恨与日俱增。于是她暗下决心：作为丈夫的未亡人，一定要为丈夫报仇，不杀张学良，誓不为人！

当时张学良被幽禁在雪窦山的消息是绝密的，由特务队队长刘乙光负责他的“安全”。袁静芝开始时并不知道她的“大仇人”张学良就近在咫尺。当张学良夫人于凤至到来后，她才顿悟：自己必欲除之而后快的张学良原来就在溪口！

怒从心头起，恶向胆边生。一条毒计在袁静芝头脑中迅即产生：以在雪窦寺里为亡夫蒋孝先做法事为由头，伺机刺杀张学良，为丈夫雪仇。

当袁静芝将刺杀张学良的行动告知其帮手时，有人表示了担忧，提出疑问：在雪窦山上刺杀张学良是否妥当？如果被蒋委员长知道了，后果恐不堪设想。

袁静芝听后冷笑地回答：“碍于西安事变的影响，委员长不能公开杀了姓张的，但并不表示他老人家不想姓张的死。猎杀了姓张的，既为我丈夫报了仇，又替他老人家除去了心腹之患。事成之后，他老人家一定不会责怪我。”

于是，袁静芝在雪窦寺里为亡夫蒋孝先做法事。这天，袁静芝披麻戴孝，在雪窦寺的大雄宝殿里焚香祭夫。她的帮手们兵分两路，一路混在亲属队伍里，一路潜伏在山林中，杀机四伏。

张学良和于凤至正在散步，听到大雄宝殿里传来的哭声，不禁信步向那边走去。他们没走几步，就被特务队队长刘乙光拦住了。刘乙光“恭敬”地说：“副座，还是在近处走走吧。”

张学良脸色一沉，默不作声。于凤至对刘乙光说：“那就麻烦刘队长去打听打听，是什么人哭得这么凄惨。”

不一会儿，特务队队长刘乙光就回来了，说是蒋孝先的遗孀在做法事。

张学良听后，神色为之一动，脸上拂过一丝难以觉察的愧疚之意。蒋介石的侄子蒋孝先在西安被杀，他事后才得到消息。现在蒋孝先的遗孀在做法事，张学良觉得怎么也该去上炷香，于是便向大雄宝殿走去。

于凤至、刘乙光劝阻无效，只得尾随而去。张学良进了大雄宝殿，走向香案，袁静芝一边低声哀泣着，一边悄悄打量着张学良。

张学良虔诚地为蒋孝先的亡灵上香拜祭后，转身对袁静芝道：“人死不能复生，蒋夫人，请节哀顺变。”袁静芝假意回礼道谢，同时将手伸进衣服里面去掏枪。

就在这千钧一发之际，“汉卿！”于凤至大呼一声，突然双腿一软，跌倒在袁静芝身上，压住了袁静芝掏枪的手。张学良连忙上前搀扶。于凤至面向袁静芝，带着歉意道：“对不起，蒋夫人，我身体不好，失礼了。”

于凤至的突然动作，使袁静芝无法掏出枪来，这次行刺自然也就泡汤了。此时,袁静芝也意识到,于凤至是故意摔倒的,以制止自己拔枪行刺。既然自己的图谋被识破,她只好假装帮忙,与张学良一起搀扶起了于凤至。

袁静芝猜得不错,于凤至那一跤的确是故意摔的。不过,于凤至不是识破了她的图谋,而是看到了她眼睛里闪过一道凶光,情急之下,只好假装摔倒,以阻隔袁静芝和张学良正面接触。

一计不成,又生一计。第一次行刺行动失败后,袁静芝又紧锣密鼓地加紧实施第二套方案,即在山林中射杀张学良。经过仔细观察,袁静芝已经了解到张学良每天黄昏都会和于凤至离开住所出来散步。这一次,袁静芝与众帮手合计,再次设下埋伏,自己则装扮成疯女人巧妙隐蔽,危险再次向张学良袭来。

那天,张学良和于凤至在刘乙光等特务的"护卫"下,缓慢地走着。他们过了千丈崖,登上了妙高台。而袁静芝,就藏身在妙高台下一块巨石后面,离张学良约百步远。张学良和于凤至的身影一出现在她枪击的范围内,她立刻掏出枪来,对准了张学良的脑袋。"砰"的一声,枪响了,子弹呼啸着从张学良身边飞过,射进了他身旁的一棵大树里。刘乙光立刻朝枪响处扑去。张学良和于凤至则紧急蹲下,吃惊地望着袁静芝被刘乙光给扭了出来。

袁静芝来不及开第二枪就被抓住,气得狂叫起来。枪声过后她的手下纷纷现身,但都被刘乙光的特务队控制起来,根本不能按照她的计划行事。她气急败坏地和刘乙光厮打了起来。刘乙光本来是可以当场将刺客枪杀的,但是他认出了袁静芝,就不敢轻举妄动了。当张学良和于凤至来到跟前询问刺客是什么人时,刘乙光掩饰道:"是个疯女人,我马上把她带下山。"

不甘心又一次功亏一篑的袁静芝歇斯底里地大喊大叫,一扑一扑地要冲向张学良。刘乙光死死地揪住她。

于凤至挡在张学良面前，用力将张学良往后推，然后面对袁静芝，凛然呵斥："我是汉卿的妻子，如果你一定要认定汉卿是你的杀夫仇人，那就让我代他一死。"

于凤至视死如归的挺身而出，不但镇住了袁静芝，也深深震撼了张学良，他轻轻地抱住于凤至，感动万分。

袁静芝呆住了，良久不语，最终怅然离去，第二次行刺行动也宣告了失败。

袁静芝两次刺杀张学良，均已失败而告终。蒋介石很快便知道了这件事，但并未深究，而是给了袁静芝一笔巨款，让她在上海买了一幢房子。随后，袁静芝就离开奉化溪口镇，到上海居住了。新中国成立后，袁静芝又随女儿搬到宁波居住，后任宁波市政协委员。她在生前曾回忆记述了这些陈年往事，并对于凤至的凛然威仪与以死护夫深为感佩。

张大千为何“黄金千两不画虎”呢?

被徐悲鸿誉为“500年来第一人”的张大千,是20世纪中国画坛中最负盛名的艺术大师,也是中国画史上少见的最具全方位的画家:无论写意、工笔、水墨、设色,无不擅长,凡山水、花鸟、人物、走兽,无一不精。但他却从不画虎,并曾专门手书“大千愿受贫与苦,黄金千两不画虎”以明志。

此中原委,还须从张大千的二哥张善子说起。张善子长张大千17岁。他们兄弟十人,张善子排行老二,张大千排行老八。由于他们的大哥离世比较早,所以张善子在家里就担负起了教育弟弟们的任务。张善子早承家学,随母学画,而年纪尚小的张大千就跟在哥哥的后面东涂西抹,对绘画产生了浓厚兴趣。

在张大千18岁那年,二哥张善子把他带到日本。张大千考入京都艺专染织系,课余学习书法和绘画,张善子经常给予指点,张大千进步较快。张大千回国后居住上海,一边在学校教绘画,一边在张善子的带领下拜师访友,结交名流,得益较多。因此,张大千对张善子敬畏有加,每当外出归来拜见二哥,必行大礼。晚年的张大千常对人说:“我在绘画上有些成就,要感谢二家兄的教导。”

张善子以擅长画虎而名世,是个爱国画家。1938年底,张善子在林森、许世英等人的支持下，带着自己和其弟张大千的作品共一百八十多件出国举办画展，募集抗日捐款。先后在法国、美国展出，前后约两年，举办一百多次画展，共募得捐款二十余万美元，全部寄回国内支援抗战。张善子还以作品内容积极宣传抗日救亡，他曾画过一幅猛虎扑日图。图上画的是28只斑斓猛虎，奔腾跳跃，正扑向一丝落日。老虎象征着当时中国的28个行省生气勃勃；落日代表日本，奄奄一息。此画题为："怒吼吧，中国！"并在画的左下角题道："雄大王风，一放怒吼；威撼河山，势吞小丑！"充分表达了全国人民坚决打败日本帝国主义的气概和决心，是一幅宣传民族精神、鼓舞抗战士气的优秀国画，并在中国国画界开抗日宣传画之先河。

1940年初，美国空军上校陈纳德率美空军志愿队援华作战，张善子嘉其行，画《飞虎图》赠陈纳德。陈纳德很喜欢这幅画，随即将美空军援华志愿队改名为"飞虎队"，并按《飞虎图》做了许多旗帜和徽章分发部下，以鼓舞战士。后来"飞虎队"在华作战十分勇敢，连连重创日机，日军飞行员闻风丧胆。陈纳德对《飞虎图》原图更加珍惜，视同拱璧。现该图藏于美国国家博物馆。

张善子善画虎之各种形态，作品精妙沉雄。他笔下的老虎不但威猛，而且有妩媚温柔的一面，他作有《金陵十二钗图》，画的是十二只极具女性气质的老虎，各摘《西厢记》句题之。如"临去波那一转"，"怎不回过脸来"，"终日价情思睡昏昏"等以寓美人猛虎之意，颇为人称道。他住苏州网师园时，还特意养了一只小老虎，以作绘画观察之用。小老虎和他一样，只吃素不吃荤，夜晚即睡在他的床边，成就了一段"人虎相处"的佳话。张善子自号"虎痴"，人皆尊其为"虎公"。

而画艺和名气都在二哥张善子之上的张大千，不愿压倒二哥，故很少画虎，即使偶尔画之，也是为了消遣自娱，从不送人，更不出卖。

1935年春。有一天，兄弟二人在一起喝酒，喝得酒酣耳热之际，张大千对二哥说："我今日作一幅画，你来补景题诗，以表我们兄弟之谊。"接着，他画了一幅六尺中堂《虎啸图》，画毕，酒力也涌上来了，笔一扔，就被人扶着休息去了。

此画用笔老辣，构图奇特，画面上枯松倒挂，怪石嶙峋，一只斑斓猛虎迎风长啸，神态栩栩如生，令人望而生畏，风格与其兄迥异。

张善子当即在画上补景作诗，还写了褒赞大千弟的跋语。这时，恰好有一日本人来访，见了这幅由极少画虎的张大千画虎、"虎痴"张善子补景题诗的画，便再三请求善子先生割爱，价钱再高他也要买。见善子犹豫不决，他继而用激将法说："虎公，你应该让人知道你八弟还擅长画虎！"善子心想有理，为扬弟名，就将画卖了。这一切，醉酒中的张大千全然不知。

此事不胫而走，第二天就有一个字画商找上门来，一见张大千，就连声赞扬他画虎技艺超过了其兄，愿以高出其兄十倍之价收买其虎作。张大千闻之大怒，同时也因自己醉酒而画虎懊悔不已。画虎是二哥的专长，自己岂能再与他一较短长?为了让张善子独擅其美，张大千发誓以后不再画虎，于是便顺手提起毛笔，在宣纸上刷刷写了两行字回答字画商："大千愿受贫和苦，黄金千两不画虎。"自此，张大千立下"二戒"：一戒画虎，二戒酗酒。